有野晋哉《よゐこ》と　田中彰伯《フレンチシェフ》の

妄想料理

La Cuisine Délire

content

content

プロローグ

妄想料理、はじめました

〜有野晋哉

料理とは関係ない話をします。

僕はアイドルの写真集をたくさん持っています。雑誌に気になるアイドルを見つけたらその娘《こ》の写真集を買うから、今や428冊も、です。で、〝この娘《こ》と僕はどこで出会うかなぁ……近所のスーパー行ったら同級生が連れてた妹、って感じやな〟とか妄想しながらページをめくるのです。

この娘《こ》が告白してきたら、なんて断わろう（↑ないよ）。「これ作ったんで食べてください！」って手作り弁当持ってこられたら……（↑ない、って）。そんなことを考えながら、楽屋でひとり、冷たい弁当を食べたりしています。

少し料理に近づきましょう。

僕は仕事で料理を作ることもあります。みなさんの印象が強いのは、『よゐこの無人島』での姿やと思います。あれは最悪の環境での料理です。まともな鍋もない、調味料も最低限。でも毎回、「おいしい！」と褒められます。素直に嬉しい。僕は、おいしくなるよう頑張って作ってるから。

そうなんです、どんな環境であれ、料理って頑張って作るとおいしいんです。〝あれ？でも料理のプロであるシェフは、いつも頑張って作ってるのか!?〟と、イジワルな僕が現れて囁《ささや》きます。シェフってプロ用の道具を使って、家庭でなかなか手に入らない調味料を使ってるんでしょ？　そんなの、おいしくなるに決まってるやん！（↑ヒネくれてる）

「特別な材料や道具を使わずに、誰でも作れるおいしい料理はできますか？」との僕の問いに「もちろん」と答えたのが、田中彰伯シェフの災難の始まりです（↑笑）。

それだけで終わる訳ないですやん。そこに僕の好きな妄想が加えられます。（↑なに？）

「僕の勝手な妄想からの料理を、特別な材料や道具を使わずに、誰でも作れるおいしい料理にできますか？」（↑本題です）

ルールはこんなんを考えました。

僕の妄想から生まれる料理ですが、レシピはどれもが「家庭で作れる現実的な料理」であること。シェフには妄想のタイトルだけをあらかじめ伝えます。作っていただく前に、妄想の内容などをふたりで話して、料理のイメージを膨らませます。

シェフのイメージが定まったところで、厨房でその料理を実際に作って頂きます。

食材を見定め、切り、捌き、湯を沸かし、フライパンを熱して調理しながら、妄想にふさわしい食器もチョイスしてもらいます。もちろん僕の妄想が隅々にまで反映されていなければなりません。なにより、おいしい料理であること。

〝芸人の無茶な妄想〟と〝プロの技〟との対決です。田中シェフ、頑張ったなぁ（↑上目線）（笑）

妄想1

両親がお出かけで留守
お姉ちゃんが弟に作ってあげる唐揚げ

妄想トーク

有野　この妄想はね、実際に昔、僕のお姉ちゃんが初めて作った料理をヒントにしたんです。

田中　お題をもらって、いろんなことを考えました。どういう家庭の人なのかなぁ、とか。

有野　きっと、両親は留守なんですよ。会社員のお父さんは、お母さんを伴って社員旅行に出かけてしまったんです。「お父さんの会社の付き合いやからしゃーないわ。あんた、弟にご飯作ったってや～」って、お母さんは、旅行にあんまり乗り気やなかったんですけど、お姉ちゃんに頼んで出かけて行くんです。お姉ちゃんは部活あるけどもがんばって作る。そんな料理！（笑）。

田中　えっ、子どもなんですか⁉　いくつくらいのどんな子たち？

有野　でき上がった料理見てから、こんな子らかなって想像するのはどうですか？　今の段階で言えるのは、〝お姉ちゃんが作った〟感が大切だということ。

田中　お姉ちゃんは学生さん？

有野　学生です、高校生かな。普段からお母さんを手伝ってる子なら、中2、中3でも作れるかなぁ。料理次第で年齢も見えてくるんじゃないすかね。

田中　そうですね。弟がどんな子かにもよりますしね。

有野　実際に僕が作ってもろた時は、小学4年生やったかな。で、お姉ちゃんが高2くらい。

田中　その時の料理は何でした？

有野　えーとね、チャーハンのレタス包みたいな……。

田中　オシャレですね。

有野　うん、うちのお姉ちゃん、飲食店でアルバイトしてたから。オカンが留守の日はそれから後もあって、唐揚げの時もあったんですよ。チャーハンにしろ唐揚げにしろ、オカンが作るのはたいてい大皿料理じゃないですか。トンカツとかハンバーグをドン！　と、味気なくひとつ盛りにするでしょ。ところが、お姉ちゃんはちょっと工夫してオ

妄想 1

お姉ちゃんが弟に作ってあげる唐揚げ

リジナリティーを発揮するから、オカンがおらん時の献立にワクワクしたんすよね。

田中　ははぁ。

有野　〝今日はオカンおれへんぞ、何を作ってくれるんやろ〟って楽しみにしながら学校から帰ってたほど。「何これ!?　どうやって食べるん?」「レタスで包んで食べるねんで」って教わって。「へぇー！　こんなん初めてや」。すげえ旨かったですね。挽き肉を炒めたやつやご飯を炒めたやつと、野菜とかをレタスに包んで食べるっていうのが目新しくて。

田中　なるほど。お姉ちゃんは現代的っていうか、お母さんの枠にはまらずに外に目をやってるんですね。

有野　そうです。せやから、オカンがおらん不安ていうのは、その一食で吹き飛んだんですよね。

田中　ハハハハ、お姉さんの1品で不安が消えたんだ。

有野　きれいさっぱりね。オカンの料理より楽しいやんか、って。そんな感じに、お姉ちゃんががんばって作る料理ってのを、見せてもらいたいんですよ。

田中　任せてください！

お姉ちゃんが作るからこその、「驚き」がほしい

田中　子どもの頃だと、唐揚げとかですかね。

有野　いいですねぇ。オカンも唐揚げは作るけど、そのパターンやないのを期待します。〝あ、そうやって食べんねや〟みたいな驚きがほしい。

田中　ちょっとオシャレになってるんだ、みたいな？

有野　そうっすねぇ。オカンの〝育ち盛りの子ぉらにはこれくらいしとったらええやろ〟的な〝量で勝負〟のデカい唐揚げやなくて、〝何、このちっちゃい可愛らしい唐揚げ！〟みたいな（笑）。

田中　なるほど。

有野　僕ね、結婚して子どもができて、家族で大阪の実家に帰るようになったでしょ。すると久々にお姉ちゃんの料理も食べる機会ができたんですよ。お姉ちゃんがはりきって作ってくれて、やっぱ唐揚げはちょっと違うんですよ、オカンが作るのと。

田中　ひと口で食べられるぐらいの大きさの唐揚げ？

有野　あん時は骨付きだったんですよ。以来、うちの子はそれにハマッて、東京に戻るとわが家の唐揚げも骨付き肉で作るようになりましたね。

田中　それはお姉ちゃんの影響大ですね。

有野　あと、ササミを細めに切って揚げたんもあって。〝なんやねん、このシャレてる感じ〟。子どもが食べやすいちっちゃいサイズなんすよね。少しの気づかいなんですけど。〝お姉ちゃん、さすがやなぁ〟って思いながら気がつきました、オカンのはだんぜんスピード勝負なんですよ。

田中　量もね。

有野　量とスピード勝負なんすよね（笑）、オカンにとってご飯作るのは毎日の作業やから（笑）。

田中　〝料理〟じゃなくて〝ご飯〟ですもんね。かたやお姉ちゃんには、恋人に食べさせる前の試験的な感じがあるかも。〝好きな人に作るお弁当に入れようかなぁ〟とか。試しに弟に食べさせてみて喜ぶかどうか様子を見よう、みたいな下心があったりするんでしょうね。

田中　下心ね（笑）。だんだんイメージがわいてきました。

有野　ホンマですか？　じゃ、お願いします。

妄想1

お姉ちゃんが弟に作ってあげる唐揚げ

醤油唐揚げとくり抜き大根おろし レモン風味

衣をパリッとさせるため、二度揚げします。ほんのり甘い大根おろしとパイナップルで、子供が喜ぶ醤油風味に仕上げます。

材料

鶏モモ肉…700g
鶏肉の下味たれ※…適量
薄力粉…適量
大根(葉付き側)…1/3本
パセリ(みじん切り):10g
キャベツ(せん切り)…適量
パイナップル…適量
ラディッシュ(スライス)…2個分
イタリアンパセリ…適量
大根おろし　レモン風味※…適量

作り方

1 鶏モモ肉は、少し小さめのひと口サイズに切る。鶏肉の下味たれと合わせてもんで10分ほど置く。
2 大根は、葉が少し付いたものを使う。葉が付いているところから15cmほどを切って、大根おろしを入れる容器にする。葉が付いているところから4cmほどで切って容器のフタにする。フタにスプーンを刺す窓を作る。下の部分は、皮から1センチ内側から斜めに包丁を入れてくり抜く。くり抜いたものも使って「大根おろし　レモン風味」を作る。くり抜いた大根の容器に「大根おろし　レモン風味」を入れてフタをする。
3 1の鶏モモ肉に薄力粉をまぶし、パセリのみじん切りを振って、180℃の油で揚げる。色づいたら取り出し、油の温度を200℃に上げてからもう一度入れ、衣がカラッとするように二度揚げする。
4 皿の中央に「大根おろし　レモン風味」を入れた大根の容器を置き、まわりにせん切りキャベツを敷く。
5 鶏唐揚げをキャベツの上に盛り付け、ピックでパイナップルやラディッシュを唐揚げに刺す。イタリアンパセリを散らす。

※鶏肉の下味たれ

材料

生姜(おろしたもの)…15g
パイナップルジュース…50mℓ
ニンニク(おろしたもの)…6g
日本酒…20mℓ
みりん…20mℓ
醤油…40mℓ
砂糖…10g
塩…適量
こしょう…適量

作り方

材料をすべて合わせて、よく混ぜる。

※大根おろし　レモン風味

材料

大大根おろし…300g
砂糖…15g
レモン汁…1個分
塩…適量
こしょう…適量

作り方

1 大根をくり抜いたものを、大根おろしにする。
2 砂糖、レモン汁、塩、こしょうで味付けする。

実食トーク

田中　お待たせしました。

有野　うわ、見栄えするご馳走やん！　お姉ちゃん張り切ったなぁ。ん？　どうなってるんすか、真ん中の塔みたいなんは？　大根？　葉っぱの部分がフタになってる！　これ、開けていいんすか？

田中　どうぞ。開けてみて下さい。

有野　あっ、大根おろしや！　これは弟、喜びますね。

田中　でしょ。唐揚げを大根おろしにちょっと押しつけて召し上がってください。

有野　おろしは辛いから子ども嫌いますよ。

田中　そうなんです。だから、特別な味に工夫しました。まずはちょっとだけつけてみてください。

有野　はい。いただきまーす。あ、酸味！　しかも甘い！　何ですか、この酸味は？

田中　レモンです。

有野　ぜんぜん辛みがなくなってるじゃないですか。どうしたんですか？

田中　レモンにお砂糖を加えました。

有野　お砂糖!?　お姉ちゃんシャレてるなあ。

田中　そこにちょっと塩、こしょう。

有野　へぇ。お姉ちゃん、味付けもすっげぇ知ってますね。

田中　レモンはたっぷり。1個分入ってます。

有野　うわっ、贅沢っすね。オカンなら「もったいない」言うて怒る料理ですよ（笑）。

田中　まぁ、健康も味付けも考えて、大根おろしだと子どもが喜ぶような甘くて酸っぱいのがいいのかな、と。

有野　そうっすね。ポン酢じゃないんすね。

田中　ポン酢じゃないんです。醤油は唐揚げのほうに使ってますけど、控えめ。ニンニク、生姜も控えめで。

有野　僕、ポン酢が大好きで、スーパーへ買い物に行くとつい買《こ》うてしもて、奥さんが「あんた、また買《こ》うて来たん？　開けてへんのが5本もあるのに」（笑）。

田中　アハハ、残念ながらポン酢ではないけど、お姉ちゃんだから、みじん切りのパセリが入ってます、オシャレに（笑）。

有野　ホンマや、色めがきれいですね。シェフの妄想ではお姉ちゃん何歳ですか？

田中　有野さんの妄想では、先ほど高校生っておしゃってませんでした？

有野　うん。けど、高校生にこれ作れます？

田中　料理のコツを知っていそうなこのお姉ちゃんなら作れます。簡単です。

有野　部活終わって、6時半ぐらいにうちに帰ってきたとして……。

妄想① お姉ちゃんが弟に作ってあげる唐揚げ

田中　部活？え、うん、でも簡単です。悠々夕食の時間には間に合う。

有野　ふふふふ。シェフはどれぐらいの時間で作りました？

田中　20分ぐらいでできました。

有野　お姉ちゃんだとしたら、料理うますぎないですか（笑）。

田中　じゃ、30分で（笑）。

有野　衣がカリカリで、おいしい！　ご飯進みますね、このおかず楽しいし。飾り付けも斬新で。パイナップルの飾りはオカン絶対しませんから、子ども喜びますよ。

田中　パイナップルのジュースをちょっと入れたんです、唐揚げの鶏肉をマリネする時に。だから、お肉がやわらかくなる。

有野　パイナップルで？

田中　はい。

有野　へぇー。またひとつ賢くなった（笑）。

大根の切り方も、弟用に考えられている!?

有野　このお姉ちゃん、料理のコツやポイントをすげぇ知ってますね。いったいどこでアルバイトしてるんですかね？（笑）

田中　えぇ、バイト先？そ、そりゃ居酒屋で。パインジュースもきっと厨房に置いてあったのを飲んだんですよ。つまみ食いして味見しつつ（笑）。

有野　しっかりしてるな。このちっちゃく切ってるのも弟用に考えられてるんですね。とにかくまずはこの大根がシャレてるなぁ。お姉ちゃんにできるかなぁ（笑）。

田中　できます。大根は1本分使ってですね。フタ部分を別にして、残った分をおろしたっていうことですね。お姉ちゃんのアイデアばっかりでも1冊作れそう。

有野　お姉ちゃんの料理本ねぇ（笑）。

田中　この料理のポイントはどこですか？

有野　唐揚げの味と、大根おろしの味のハーモニーを口の中で計算する点です。

田中　う～ん、できるかな、ハーモニーの計算、

田中　高校生のお姉ちゃんに。そうか……（笑）。でも、このお姉ちゃんならできる。料理を知ってて、弟に愛情を注いで唐揚げをちっちゃく作るくらいだから。

有野　そうですね。

田中　そこにちょっとオシャレにアレンジしたのが、有野さんの眼に真っ先に留まったこの大根おろし。

有野　優しいし、お姉ちゃんのこと好きになりますね。アハハ。またオカン旅行行けへんかなって思ったりしてね（笑）。

田中　ハハハハハ。1品目、力が入りました（笑）。でもね、特別に思えるのは大根の使い方だけ。ガラスボウルがプレートの真ん中にあってもいいんです。

有野　大根のフタは見た目がすごいけど、ボウルでもいいのか。でもレモン1個分はなかなか勇気いりますね。

田中　既製品の100%レモンジュースでもいいんですよ。で、大根は、葉の方が下より甘いんですよ。尻尾の方は辛味があるので。

有野　へぇ、そうなんや。シェフのアイデアが無限だということもわかったので、今後はもうちょっとシェフに与える情報を減らしましょうかね。

田中　え？

有野　タイトルだけで「はい、作ってください」っていうのはどうです？

田中　無理です！

有野　ハハハ。ところで弟は低学年ですか？

田中　もちろん低学年です（笑）。

有野　そうかぁ。これなら期待するなぁ、お姉ちゃんに。オカンは留守中にお姉ちゃんがこの料理を作ったこと知らないじゃないですか、たぶん。で、オカンが今度いつもどおりに唐揚げ作ったら、弟の上がってたテンションは下がりますね。「なんや、いつもの茶色い唐揚げか」って感じで。

田中　それにね、たぶんお母さんの唐揚げは、小麦粉で揚げてると思うんですよ。でも、お姉ちゃん、アルバイト先で新しいアイデアを仕込んでるんで、コーンスターチを使うと思うんですよ。

有野　うわっ。居酒屋ではバイトでもそこまで進んでますか？

田中　小麦粉はグルテンがあるのでもったりするけど、コーンスターチならカラッと揚がりますね。だからたぶん、どこの居酒屋さんの唐揚げもけっこうカリッとしてるので、コーンスターチ使ってる形跡はあるんですね。

妄想① お姉ちゃんが弟に作ってあげる唐揚げ

大根おろしレモン風味

有野　お姉ちゃんは居酒屋のホールじゃなくて、厨房でバイトしてるんですね？

田中　わかんないけど。

有野　ハハハハ、ホールやと思ったけど、ちゃっかり厨房で料理の勉強もしてるのか。しっかりしたお姉ちゃんやなぁ。そうか。居酒屋やからアイデア持って帰っても来るのか。すごいですね。これは夢広がるお姉ちゃんですね。ところで、この妄想料理は簡単にできましたか？

田中　まぁ、はい（笑）。

有野　僕の妄想タイトル聞いて、ああこんな感じかなぁって？

田中　はい。普通に家庭で作れるレシピの本だということなので、調理法を複雑にしないように心がけました。

有野　へぇ、普通に家で買える範囲の材料でってことですね。でも、この盛り付けは、オカン絶対しないですね。唐揚げとキャベツって絶対分けて盛り付けるんですよ。真ん中に大根置くなんて発想はないですよね。お姉ちゃん、いい居酒屋で働いてますね。個室ついてる居酒屋なんかなぁ。いやぁ、1品目でやられたなぁ。こんなにしっかりした料理が出てくるって思わんかった。さすがシェフですね。やるなぁ。

田中　ありがとうございます。

有野　まだまだ妄想がいっぱいあるんすけど、どんなものでも、料理できますか？

田中　できるようにします。考えます。

有野　シェフの料理にしないでくださいね。あくまで妄想の人が作った料理ということで。

田中　なるべく私が出ないように（笑）。でも、おいしいものは、作りたいですね。

有野　もちろん。お願いします。

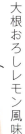

妄想23

娘が彼氏を初めて家に連れて来た
お母さんがさりげなく料理上手をアピールできる料理

前菜編
メイン編

妄想トーク

有野　さて、次です。お姉ちゃんに恋人ができて、結婚しようと思ってるようです。
田中　妄想の、お姉ちゃんの人生は、まだ続くんですね（笑）。
有野　はい（笑）。いよいよ「恋人ができたから会って欲しい。結婚しようと思うねん」って。
田中　もう結婚まで考えてる？
有野　ん～、結婚はまだ早いかな。ともかく恋人を家に連れて来ます。「晩ご飯でも一緒に食べよう」と。弟もおるし、お父さんも帰ってきました。
田中　家族みんないるんですね？
有野　はい、みんな。そこで、お母さんが彼にふるまう料理。
田中　むずかっし。
有野　アハハハハ。難しいですか。無理？
田中　う～ん、お母さん見栄張りますよね？
有野　はい。見栄張りたいです。「ペヤングやきそば」5個奮発してもダメですもんね（笑）。
田中　鶏、豚、牛だと……牛？
有野　見栄張るとなると、やっぱ牛ですかね。
田中　有野さん、奥さんちに行かれたことありますよね？
有野　ありますけど、家族と一緒に外に食べに行きましたね。
田中　外食？　おうちでは食べてないんだ？
有野　僕、カミさんの家でご飯食べたことないんじゃないかな、まだ。
田中　ほう。

有野　浅草の方にお義父さん行きつけの洋食屋さんとかあって、そこへね。
田中　奥さまは東京の方なんですか？
有野　はい。カミさんが大阪の僕の実家へ来た時は、オカン自慢のちらし寿司でしたよ。めでたい気分だったんですかね。
田中　おめでたい気分でちらしって、なんかわかる気がする（笑）。奥さまのほうが男の人の家に行くのと、男が奥さんの家に行くのとは、違いますもんね。
有野　それはだいぶ違うでしょうね。この妄想家族のお父さんは食が細いです（笑）。弟は食べ盛りでがつがつ食べますけど、お姉ちゃんの彼氏はそれ以上食べるんやろなぁ、20代やし。
田中　男の子が家に来るんだから、お魚じゃなくて牛豚鶏ですよね。でも、めでたいから鯛とか使いますかね？

有野　鯛まで行ったら気が重いですよ、彼は（笑）。

田中　アハハハ。鯛は重いですか。

有野　かといって、カレーってことでもないでしょうね。うん、ちょっと背伸びして見栄張りたいですね。弟が、「母ちゃん今までこんなん作ったことないやん」みたいな。でも自信ある定番が1つあったりとか。

田中　妄想がどんどん膨らんでますね（笑）。料理はがっつり系でしょうかね。

有野　おなかいっぱいにはさせたいですね。

田中　そうなるとボリュームで勝負ですね。さりげなく〝いつでも作れるんですよ、この程度は〟って感じもにじませて（笑）。

有野　そう、定番メニューがお母さんに1つあって。家族が今まで一度も見たことがない、ちょっと背伸びした料理がもう一つ（笑）。

田中　一度も出されたことがない料理、ですか？

有野　はい。誰も見たことないんです（笑）。で、彼は24歳ぐらいにしますか？

田中　え、24歳ですか。24歳だと、お酒飲めるでしょうね。

有野　飲めますね。もちろんお父さんはお酒、勧めますね（笑）。

田中　彼が来るのは、夜ですよね。18時頃？

有野　ハハハハハ。18時って言ったけど、すみませんって、ちょっと仕事で遅れて、18時半になるんでしょうね。（笑）。そうしてお母さんは、普段使ったことがない調味料を使うんですね。バルサミコ酢とか。

田中　え、バルサミコ酢？ですか。

有野　お母さんすげぇ頑張ってますよ。

田中　で、バルサミコ酢使うんですか？頑張る時に、使い慣れてないバルサミコ酢を使いますかね？

有野　アハハ、怖いですね（笑）。でも、〝テレビで見たことあるねん。バルサミコ酢って使ってみたいやん〟みたいな。

田中　ハハハハ。じゃ、器も凝るんでしょうね。小鉢っていっても、いつもお父ちゃんが使ってる小鉢じゃなくて。

有野　もちろんいつもと違う（笑）何かの時にもらった器とかを茶箪笥の奥から出してくるんでしょうね。

田中　オシャレな、ね。

有野　いつもは大皿でドカッて出すのに。今日は洒落た小皿に分けたりするんですよ。

田中　お父さんのウイスキーが入ってる棚にロックグラスがあって、それをおしゃれに使うとか。

有野　おぉ、グラスを器にするの？

田中　で、野菜がポコポコ入ってて。なんか固形のものが入ってて、バルサミコ酢がちょろちょろってかかってる（笑）。

有野　出た、バルサミコ酢！　シャレてますね。

田中　ほら、こうしてお父さんのロックグラスを使ってみました（笑）。

有野　アハハハハ。それをお皿の上に載せるんだ。

田中　はい、載せるんですね。

有野　へぇ。……さっきからノートに何やら絵を描いてますけど。シェフ、絵、下手くそですね。

田中　ぐっ、下手くそ……でもわかるでしょ？

有野　なんとなくですけどね（笑）。これは前菜ですね？「急に来はったから、手の込んだ料理なんか出されへんよ」って言いながら、まずこれが出て来るんでしょうかね。

田中　これは〝お母さん、すごいな〟って思いますね。

有野　はい。思います。

シェフのノート

田中　バルサミコ酢でね（笑）。

有野　アハハハハ。そうバルサミコ酢。

田中　そして、このあとガラッと変わって、味噌汁とご飯。

有野　おおっ、すごい！　メインは？

田中　牛肉系。

有野　ほぅ。でもあまり高価じゃダメですよ。

田中　野菜はスタンダードに、もやし。

有野　牛肉に予算使いすぎたのか（笑）。

田中　味噌汁の具はいつものお豆腐とわかめ。

有野　ド定番や。

田中　〝わが家の味を食べてもらいたい〟っていうお母さんの気持ちですね。

有野　それはあるでしょうね。

混ぜたらおいしいねん、みたいなのが好きなんです

田中　だいたい娘が好きになった男って、お父さんは嫌うでしょ。なんか、やな奴に見えるんですって？

有野　そうかな。僕が彼女のお父さんとこ行ったときは、「よくぞ娘をもらってくれた」って、喜んではりましたけどね。

田中　有野さんお子様は？

有野　女の子が2人います。

田中　もしそのお嬢さんが、よその男性に連れてかれると思ったら、どうですか？

有野　娘が「彼氏を家に連れて来る」って言うたら、「わかった何時に？」って聞いて、食事の段取りとか全部詰めて、「当日、俺は帰って来ないから、よろしくな」って、カミさんに言います（笑）。〝そんな簡単に娘の親父に会えると思うなよ〟って感じですかね。

田中　ハハハハハハ。

有野　娘には言うなよって口止めして（笑）。

田中　やっぱり会いたくない？

有野　うちのオトンはそうでしたよ。

田中　ほぅ。

有野　僕は男やから立場が違うかもしれへんけど、カミさんを家族に紹介するために初めて家に連れていった時、「その日のその時間しか実家に帰られへんから、家におってや」って前もって言うてたのに、オトン帰って来なかったですね。で、電話にも出ないんですよ（笑）。次の日、僕と彼女が東京へ戻るって時に、ようやく電話がつながって、「なんで昨日帰って来えへんかったん？」って聞いたら、「ああ、そうやったなぁ」ってトボケてた。

田中　アハハ、そういうもんなんですかね。

有野　話を料理に戻しますね（笑）。僕はこ

妄想2 お母さんがさりげなく料理上手をアピールできる料理 前菜編

れとこれ混ぜたらおいしいねん、みたいなチャレンジャーなのも好きなんです。例えばチャーハンに麻婆豆腐混ぜたらおいしいみたいな。「えっ、これ混ぜて食べるんですか?」っていうふうなの（笑）。

田中　混ぜる?ごはんに?

有野　ハハハハ。ここは軽く聞き流してもらっていいですよ。

田中　いや、素敵なのができそうです。

有野　もう、シェフの頭ん中では、バーって計算できてるんですか?

田中　有野さんの頭の中に入って、いろんなスタイルのものが……。

有野　おぉ、僕の頭に入ってって、嫌やな（笑）。

田中　とにかくお母さんが、ちょっと見栄張りながらも、いつも作ってる感を醸し出せる料理、ですね。

有野　うん。いけますか?

田中　いけます!

有野　お願いします!

田中　ところで、彼氏は日本人ですか?

有野　ハハハハハ。

ボイルサーモンとバルサミコ酢のカクテル

サーモンのやさしい甘みを味わえるよう、塩・こしょうは使わないのがポイントです。

材料

サーモン（刺身用）…100g
サニーレタス（せん切り）…40g
玉ねぎ（スライス）…40g
チェリートマト…4個
オレンジ…6房
チコリ…適量
ディル…適量
バルサミコ酢…適量
オレンジの皮…少々
塩…少々

作り方

1. サーモンは、2㎝角に切る。湯を沸かし、塩ひとつまみを加えてサーモンを霜降り状にさっと茹で、氷水に取って冷やす。
2. サーモンの身を崩さないようにキッチンペーパーで水気を取る。
3. グラスにサニーレタス、玉ねぎを入れ、その上に2のサーモン、オレンジとオレンジの皮、縦に4つに切ったチェリートマトを入れる。
4. チコリを飾り、煮詰めて冷ましたバルサミコ酢をかけ、ディルを飾る。

妄想②

お母さんがさりげなく料理上手をアピールできる料理

前菜編

実食トーク

田中　お待たせしました。うちの娘をよろしくお願いいたします。

有野　ハハハハ、承知しました。

田中　バルサミコ酢です。

有野　うわっ凄いなぁ（笑）いただきま～す。あ、ミカンの匂いがする。うわ、うまっ、何これ？

田中　サーモンと、下の方には玉ねぎ、で、バルサミコ酢とオレンジ。それとオレンジの皮。

有野　皮も入ってんねや。

田中　どうぞ召し上がっててください。次の牛肉の料理を作ってきますから。

有野　はい。僕はいただいてますね。

これどうやって食べんねん？

有野　うわっ、サーモンすげぇ分厚い。オカン張り切ったなあ。グラスに入れるのなんか、普段のオカンには考えつかへんで。きれいやなぁ。弟が「オカン、これコップちゃうの？」て言うてしもて、テーブルの下でオカンにギュ～って足踏まれると思うな。「そんなん言いなさんな、いつも使ってるでしょっ」て、チラッとにらまれたりして。なんか田中シェフがオカンに見えてきたな（笑）。彼氏はこのご馳走見て、〝うわぁ、すげぇ〟って思いながらも、弟のリアクションで〝ここんちでは普段作ってない料理やな〟って気づくやろな。そんで、ちょっと安心するんかな。でも緊張してるから、あんまり頭回れへんと思うんすよね。こんな思いがけない料理がポンと出てきて〝これはどうやって食べんねん？　お箸か、スプーンか？〟。「おいしいです」って言いながら親父さんと向かい合って食べなあかんのやろな。「お母さん料理お上手ですね」って言ったあと、〝うっ、お母さんて呼んでもた。おばさんて言うんか？なんだ？いかんいかん、お母さんて呼んだらいかん〟。僕は、付き合った子の家に行ったことは、今のカミさんとこしかないからわからへんけど。いろんな子の家に行く人は、いろんな親に会ってるってことでしょ。それ、怖いすよね。絶対に前の彼女の家と比べたりするやろから。〝あそこの家族、すげぇしゃべりやすかったのに、ここはなんか硬い雰囲気やなぁ〟とか〝敷居高いなぁ〟とか思ったりして。

――有野さん、一人テンション高く、妄想が止まらない

和牛モモ肉のもやし巻き
すき焼き風味

和牛モモ肉のもやし巻き すき焼き風味

もやしにピーマンを合わせるのが、アクセントに。豆腐や白菜の細切りを合わせたり、オカラを入れるなどアレンジもできます。

材料

和牛モモ肉（しゃぶしゃぶ用薄切り）…4枚（約360g）
もやし…60g
ピーマン（細切り）…1個分
日本酒…120㎖
みりん…80㎖
醤油…120㎖
砂糖…100g
※辛大根おろし…適量

作り方

1 牛肉薄切りは、やぶらないように注意して広げる。
2 ピーマンはもやしの長さくらいにして細切りにする。
3 牛肉薄切りの端に、横に揃えてもやし22～23本、ピーマン細切りをのせ、肉で1回巻いたら、左右の肉を内側にたたみ、巻く。春巻きの皮を巻く要領。これを4本作る。楊枝でとめない。
4 フライパンを温める。油は引かない。閉じた肉の端の部分を下にしてフライパンの上に置いて焼く。
5 日本酒、みりん、醤油、砂糖を合わせたものを肉のまわりにかけ、そのまま1分半ほど煮たらひっくり返す。
6 そのまま肉を触らないで3～4分煮てたれが詰まってきたら、肉を取り出す。フライパンに残ったたれをさらに煮詰め、味を調える。
7 牛肉巻きを半分に切り、皿に盛り付け、たれをかける。辛大根おろしを添える。

※ 辛大根おろし

材料

大根おろし…150g
豆板醤…小さじ1/2

作り方

材料をよく混ぜる。

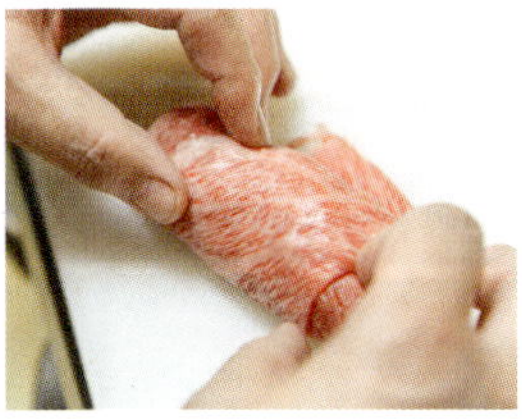

実食トーク

彼氏が60代だったら、また変わりますか？

田中　お待たせしました。できましたよ。

有野　うわ、でかい。うわぁ、アハハハハ。もう、シェフが主婦に見えてきた（笑）。

田中　おつゆたっぷりつけて、ごはんの上にのっけて、食べてみてください。

有野　いただきまーす。うわっ、うまい！お肉おいしいですよ。

田中　和牛です。

有野　スープん中に器つけるなんか考えられへん。あ、辛味があっておいしい。何ですか、これは？

田中　大根おろしと豆板醤。

有野　だけ？　へぇ、辛くないですね。ごてっとしたお肉じゃないから、食べやすいし。次はこれ、この家の味噌汁。ふー、落ち着きますね、ハハハハ、いいですね。

田中　家庭的でしょ。

有野　背伸びしてない感があるのがいいです。

田中　有野さんが妄想したことを、広げていきながらできたと思います。

有野　そうですね。

田中　すべて有野さんの妄想を想像して作ったつもりです。

有野　“妄想を想像”ね（笑）。前菜で出たバルサミコ酢のは、何ていう名前の料理ですか？

田中　特に名前ないです。

有野　サラダ？

田中　はい、じゃ、サラダ有野で（笑）。小鉢に合う野菜と肉質なものと、サーモン。魚の匂いを消すために、少しオニオンスライスを入れて。バルサミコ酢だけだと味が単調になるので、オレンジも入れて。

有野　サーモン分厚かったですね。それで、お母さんには行きつけの魚屋さんがあるなぁって思ったんですけどね。

田中　切り身でいいんです。普通の切り身で。

有野　あのグラスに入れる感じ、ちょっと背伸びしすぎじゃないですかねぇ、ふと田中シェフが見えたんですけど（笑）。

田中　うわー、僕が見えちゃいけないですよね（笑）。お母さんになった気持ちで作ったんですけど。

有野　見えちゃダメですよ。バレないように（笑）。小鉢でもよかったのにな。

田中　そうか……。

有野　でも、さすがにこのピーマンも苦く感じませんね。

田中　そうですね。やっぱピーマンはアクセントが効いていいと思いますし。

有野　たとえば、キュウリとかでは？

田中　おいしいと思います。さっぱりしてて。

有野　パクチーは？

田中　ん～、ちょっとね……。バジリコでもないでしょうしね。有野さんの妄想を聞いていて、なんか最初にポンって頭に浮かんだのが、すき焼きだったんです。

有野　え、すき焼きですか!?

田中　はい。ごはんにのっけてがっつりいけて、味噌汁にも合う（笑）。となると、やっぱり醤油系。

有野　オイスターソースやと無理ですか。

田中　味噌汁には合わないかもしれない。

妄想③

お母さんがさりげなく料理上手をアピールできる料理

メイン編

有野　彼が30歳代やったらまた違います？

田中　30代だと、豆腐と白菜が入ってたらいいかもしれない（笑）。

有野　それ、まんますき焼きやん（笑）。じゃあ、娘が連れてきた彼が60代やったらどうします？

田中　60代？　ありえますか？　……あるか。

有野　お父さんと同い年の彼氏（笑）。

田中　おからでも入れますか？

有野　アハハハハ。ひどいなぁ。おからかぁ。そんなこと言いながらでも、すぐできるもんなんですか？

田中　できましたよ（笑）。

有野　慣れっこなんですか。こういうの？

田中　お客さまがいらっしゃって、メニューにない料理を、「温野菜が欲しい」とか「魚は今日何があるの？」とか、「野菜多めのサーモン料理を作ってくれ」とかご要望があれば「わかりました」ってドタバタでなんでも作りますから。

有野　でもメニューにない料理なんでしょ。

田中　はい。お客さまの苦手なものとお好きなものぐらいは聞いて。野菜たくさん食べたいって言われると、必然的に油っこいものはダメでしょ。豚肉はアウトだし、鴨もアウトでしょ。そうすると、野菜のスープとか、野菜メインの鶏料理とかになりますよね。

有野　ポケモンの相性みたいですね（笑）。

田中　そうですね（笑）。素材そのものをわかっていれば大丈夫。

有野　合う、合わないってこと？

田中　高価な野菜がいいかといってトリュフをお出ししても、香りが強すぎてアウトってこともあるし。一概には言えない。

有野　すぐ想像つくのがすごいです。これとこれを合わせるとこうなるだろう、とか。

田中　パッと見てコントとか作るのと同じじゃないですか。

有野　おっと……そんな簡単にコントできないですよ。できない、できない（笑）。

田中　隣の人の会話聞いてて、おもしろいって突っ込んだりとか。

有野　ないないない。そんなん、ない（笑）。

田中　よくテレビで言ってる「電車に乗ってて隣の人たちの会話を聞いてたらこのネタできました」というの嘘なんですか。

有野　100人の話聞いたうちで、1つネタになるかどうかですよ。そんなもんですよ。

田中　いろんな時にいろんなところで観察してると、たくさんおもしろいものができるのかと思ってました。

有野　お笑い芸人だからって、そうそう毎日おもしろいことなんか起こんないですよ（笑）。

田中　そうか、難しいもんなんですね（笑）。

有野　難しいこともないんですけどね（笑）。しかしこの味噌汁は旨いですね。

田中　よかった。普通の味噌と昆布だしですよ。

有野　コース料理作るのと、こんなふうに即興で料理作るのと、どっちがおもしろいですか？

田中　どちらも楽しいです。やっぱ喜んでくれる人がいると楽しいですね。

有野　でも普段厨房にいて、お客さんが喜んでるかどうか、わからないんじゃないですか。

田中　でも、またお店に足を運んでくださるってことは……ね。

有野　あ、そうか。僕もまた足運びます（笑）。

妄想4

アイドル好きが昂じて。
アイドルを育てるつもりで・・・

アイドルが、料理対決番組で勝てる料理

妄想トーク

可愛いご飯って、駄菓子使うんですか!?

有野　僕、アイドルがデビューの頃からどう変わっていくんかを見るの、大好きなんですね。アイドルの初めの頃って活躍の場はグラビアでしょ。〝この子はどんなふうにしゃべるんやろ〟とか〝どんな声なんやろ〟とか、それこそ妄想しながら眺めるんです。写真1枚見たら家族構成まで〝こうであってほしい〟と妄想しますよ。でもテレビ番組で一緒になった時、思ったより声高いのがわかってゲンナリすることもあるんですよね。〝わー、しゃべってほしくなかったぁ〟って（笑）。

田中　ずいぶんマニアックですね（笑）。

有野　マンガの原作読んでて、それがアニメ化された時、主役の声のイメージが違った、みたいな。わかります？

田中　わからないけど（笑）。でも、ファンって少しくらいイメージと違っても、追っかけるんでしょ？　途中でダメだって、やめちゃったりもするんですか。

有野　そこで大事なんが、テレビへの出方やったりするんですよ。料理コーナーで、上手やったりすると盛り返すんですね。逆にものすご下手やったり、盛り付けぐちゃぐちゃやったりしたら幻滅ですよ。

田中　へぇー。

有野　というわけで、アイドルが料理対決の番組に出て、相手に勝てる料理！（笑）

田中　は？　それが次の妄想料理？（笑）

有野　はい。番組で作った料理をプロの料理人がちゃんと試食します。

田中　え？　プロが試食!?　こわっ！（笑）。アイドルの子って、料理ができなければダメなんですね。

有野　でもねぇ、キッチンに立ったこともないのに「できます」っ言う子もいるんですよ。テレビに出たい一心で。

田中　へぇ、嘘ついてまで出たいんですね。

有野　はい。出たはいいけどキャベツすら刻めないってこともあるんですよ。

田中　それはかわいそう（笑）。アイドルっていくつくらいまでなんです？

有野　うーん、僕が思うには21がMAXですかねぇ（笑）。

田中　21歳で料理ができるなら大したもんですよ。お母さん、しっかり教えておかなきゃ。

有野　それがねぇ……いないんですよ、お母さんは。幼い頃にいなくなっちゃって。

田中　昔のアイドルさんにありがち（笑）。お父さんだけだから、その子は料理ができるんですね。

有野　お母さんの代わりにずっと作ってきました。お兄ちゃんと弟がいるんです。だから、料理作るのは自分しかいない、と。中学の頃からずっと。

田中　アイドルとして働きながら、お父さんと兄弟のごはん作るの大変ですね（笑）。

有野　でもアイドルには多いんですよ。家庭のこと聞かれると、ちょっと表情がくもる子（笑）。

田中　へぇ、そうなんだ？　そんな子をぜひ料理対決の番組に出してあげたい（笑）。

有野　勝たせたいですよね。「料理うまいやん」みたいなことを言われてほしいんですよ。「どうしてそんなに料理うまいの？」って聞かれた時に、「お母さんいないんで」。「え、今までそんなこと一言も言うてなかったやん、がんばり屋さんなんやね」みたいな場面を見てみたいんです（笑）。

田中　たくましい妄想ですね（笑）。

有野　で、その場合、プレート料理がいいと思うんすよ。何品かのってるような。

田中　え、何品くらい？

有野　さぁ……ごはんとおかずと……。

田中　ごはん、ですか。

有野　ごはんものも。アイドルですから可愛く映りたいんで、可愛い感じのものも1つほしいですね。ハート形でも、イチゴでも。それともクリームなのかなぁ、なんか可愛いのがほしいです（笑）。

田中　可愛い……ごはんですかぁ？

有野　メイド喫茶へ行ってオムライスとか注文したら、絶対ケチャップでハートを描いてくれるでしょ。

田中　知らないですよ（笑）。メイド喫茶行ったことないし（笑）。

有野　〝ラブ注入〟的なやつです（笑）。どこかしら可愛いらしくて。献立は安く仕上げてるのに、こんなにいろんなもんがのってる、みたいなね。

田中　リーズナブルで？

有野　もちろん。で、プレートに収まるのは4品ですか、5品？

田中　数字的には4はあまり使わないですね。縁起悪いから。

有野　フレンチやのに縁起かつぎますか？

田中　フレンチだけど日本です。

有野　そうか（笑）それに〝安い材料でもこ

妄想④

アイドルが、料理対決番組で勝てる料理

んなに賑やかになるんや〟みたいな。安い材料ってなんやろ。インスタント麺みたいなやつかなぁ？　あ、駄菓子1個入れましょか。駄菓子（笑）。

田中　駄菓子？……で・す・か？

有野　「よっちゃんイカ」とか「うまい棒」とか。それでアイドルっぽさは出ると思うんですよね。

田中　「うまい棒」？

有野　「うまい棒」うん、「酸っぱイカ」でもいいですし。え、駄菓子、わかんないですか（笑）。

田中　いえ、わかります。ちっちゃい時いっぱい食べました。「ベビーラーメン」とか。

有野　「ベビースターラーメン」ね。それでもいいですよ（笑）。

田中　そういえば、ソーダ味の……サイダーのシュワシュワってなるやつ、白いラムネみたいな。ありましたよね。

有野　ジュワジュワって泡が出てくるやつ？

田中　そうそう、あと、昆布とかもあった。

有野　あぁ、「都こんぶ」。ぜひ駄菓子をひとつ使ってほしいですね（笑）。

田中　えっと……さっきなんて……「うまい棒」？

有野　「うまい棒」。何でもいいですけどね、「よっちゃんイカ」でも「ベビースターでも」。

田中　「ヨッちゃん棒」？

有野　ワハハハハ、「よっちゃんイカ」です。シェフの知ってるものでいいですよ、アイドルっぽさが出てきそうでしょ。

田中　アイドルっぽさですね。わかりました。できると思います！

有野　すごいな。お、出た！　またノートに絵を描くんや。シェフの中でわかってるんやったらそれでいいですよ。

田中　こんな感じで。プレートがないので大皿に、こう載せて。

有野　絵はやっぱり下手やなぁ（笑）。これ、何ですか？

田中　「うまい棒」……。

有野　ワハハハ。シェフやっぱり「うまい棒」は見たことないですね（笑）。

田中　ないです。コンビニで売ってます？

有野　今は、どこでも売ってますよ。

田中　「うまい棒」「よっちゃんイカ」「ベビースターラーメン」。誰かコンビニへ買いに走らせて下さい（笑）。

有野　大丈夫かなぁ（笑）。

――厨房の若いスタッフが、買いに走ってくれました

妄想④

アイドルが、料理対決番組で勝てる料理

6種類のオードブル盛り合わせ　アイドル風

うまい棒やベビースターラーメンの味や食感を生かして
組み合わせて、楽しさ広がるプレートにしました。

野菜スティックとタマゴディップ

材料

全卵…1個
生クリーム…大さじ2
バター…15g
塩…適量
こしょう…適量
キュウリ（スティック）…2本
赤ピーマン（スティック）…3本
セロリ（スティック）…2本
セルフィーユ…適量
シブレット…適量

作り方

1 全卵、生クリーム、バター、塩、こしょうを混ぜる。塩は少し強めが合う。
2 火をつける前にフライパンに1を流して、中火で3分混ぜながら焼く。
3 続いて弱火にし、混ぜながら、ときどき火がフライパンをはずし、トロトロのスクランブルエッグにしたら器に盛る。
4 野菜スティックをスクランブルエッグに刺して、セルフィーユとシブレットを飾る。

エビのカクテル

材料

タイガー海老…3本
サニーレタス（せん切り）…適量
マヨネーズ…10g
ケチャップ…10g
タバスコ…3滴
セルフィーユ…適量
レモン（くし切り）…1個
塩…少々
酢…少々

作り方

1 エビは少しの塩と酢を加えた湯で茹でて冷まし、皮をむく。
2 グラスにサニーレタスをしいて、エビをのせる。
3 マヨネーズとケチャップとタバスコを合わせたソースをかけ、レモンとセルフィーユを飾る。

ベビースター・ドライカレー

材料

ベビースター…1袋（20gを使う）
ごはん…100g
赤ピーマン（みじん切り）…大さじ1
カレー粉…少々
赤パプリカ…適量

作り方

1 ベビースターラーメンは袋を開ける前に袋をやさしくもんで砕く。この20gを100gのご飯と合わせる。
2 砕いたベビースターラーメン、ごはん、カレー粉、赤ピーマンをボウルで合わせて混ぜ、器に盛る。
3 赤パプリカをハート型で抜いたものを上に飾る。

うまい棒ピカタ

材料

うまい棒（たこ焼味）…1本
全卵…1個
サラダ油…大さじ1
食用花…1つ

作り方

1 うまい棒を、崩れないように注意して1.5～2㎝幅の輪切りにする。
2 卵をボウルに割ってしっかりほぐし、1を合わせて混ぜ、1～2分おいてなじませる。
3 フライパンに油をしいて火にかける。フライパンが熱したら弱火にし、2を1個ずつ入れて焦がさないように両面を焼く。器に入れて食用花を飾る。

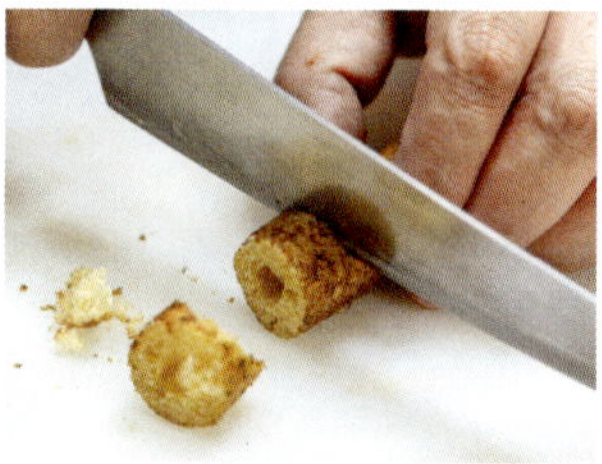

妄想4

アイドルが、料理対決番組で勝てる料理

人参サラダ

材 料（仕込み量）

人参…100g
塩…ひとつまみ
砂糖…ふたつまみ
ドレッシング※…大さじ５～６
赤すぐり…適量
※ドレッシング
　サラダ油…100mℓ
　赤ワインビネガー…25mℓ
　塩…適量
　こしょう…適量
　赤ワインビネガーに塩、こしょうを加え、次にサラダ油を入れて混ぜ合わせる。

作り方

1 人参は皮をむいて薄く輪切りにしてから、せん切りにする。
2 ボウルに1の人参を入れて、塩、砂糖を加えてもんで10分ほどおく。
3 ドレッシングをかけて混ぜ、器に盛る。赤すぐりを飾る。

イカフライのハムロール

材 料

ロースハム…1枚
駄菓子のイカフライ…適量
キュウリ（細切り）…適量
生クリーム…50mℓ
レモン汁…適量
塩…適量
こしょう…適量
金箔…少々

作り方

1 キュウリは薄く輪切りにしてから細切りにする。
2 駄菓子のイカフライは細かく切る。
3 ロースハムは４㎝幅に切る。
4 生クリームとレモン汁を合わせてサワークリームを作り、塩、こしょうで味を調える。
5 ロースハムの上に1と2をのせて巻く。半分に切ってそれぞれを楊枝でとめる。
6 4のサワークリームを上からかける。金箔を飾る。

実食トーク

このバナナっぽいの何？ えっ？ う、うまい棒？？？

有野　あ、リクエストしたプレートみたいだ。

田中　何かの中に姿を変えた何かが入ってます。

有野　へぇ、どこだろう。まず、これは野菜スティックですか？

田中　はい。スクランブルエッグと。

有野　セロリと。

田中　アイドルらしく可愛いでしょ。

有野　女子、セロリ好きですもんね。現場に芸人いたら、まずこの飾りの花はポイって捨てられますねぇ、何のためらいもなく（笑）。うん？　なんやこれ、このバナナっぽいのん？

田中　これをわかんないと絶対ダメですよ。

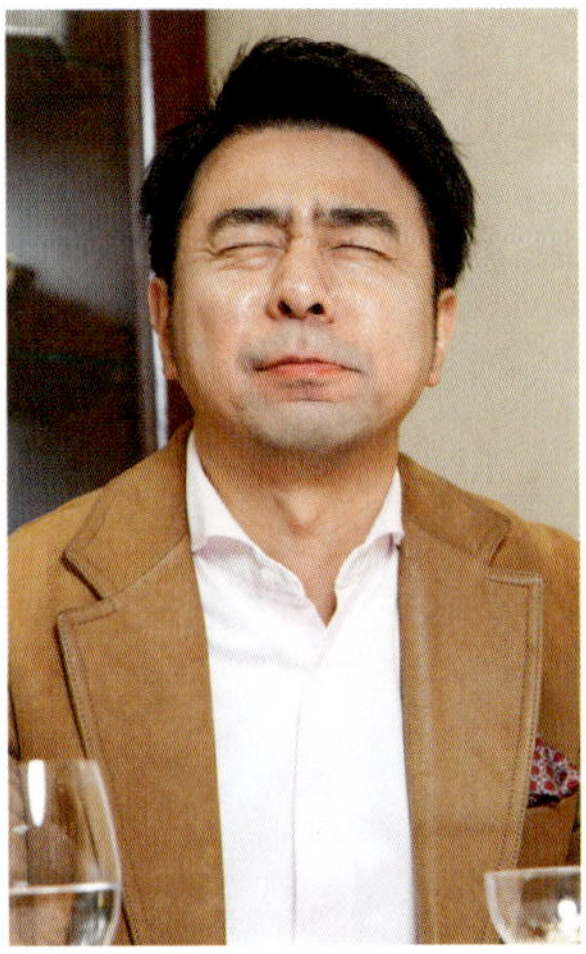

有野　ん――……あっ！「うまい棒」!?　「うまい棒」の輪切りって初めて見ます。そりゃわかんないですわ。シェフ「うまい棒」の特徴をうまいこと殺しましたね（笑）。うまい棒のサクサク感ぜんぜんないすね。

田中　ないですね（笑）ただ、コーティングしたタマゴに味つけはいっさいしてないんです。タマゴを溶いて浸けて焼いただけなんです。

有野　なのに、こんなに濃い味あるんすか、「うまい棒」すごい。これ何味の「うまい棒」ですか。

田中　たらこって書いてあったかな。

有野　ははぁ、明太子味の「メンタイ」ね。何で明太子味にしたんですか。

田中　コンビニに走ったスタッフがたまたま手に取ったのが明太子味で。

有野　深い考えはないんか（笑）。すごいな、タマゴだけの味。シェフ、どうです、おいしいですか？

田中　なんかカールみたいな感じで（笑）。

有野　あぁ、スナック菓子ですもんね。初めて食べたんでしょ？（笑）

田中　初めてです（笑）。これかぁ、だったらタマゴと焼いちゃおう、って。サクサク感を残すと、「うまい棒」そのままで工夫がないから、ちょっと舌触りをしっとりさせてやろう、と。

有野　あれれ、たこ焼き味じゃないですか、この「うまい棒」？

田中　え？　袋に書いてある……おっと、たこ焼き味でしたね（笑）。

有野　老眼かぁ（笑）。

田中　すみません（笑）。

有野　よく似た味なんで（笑）。それより、見た目重視のテレビをよく知ってるアイドルですねぇ。盛り付けも高さ計算してるし。あれ、これなんやろ？

田中　ふふふ。人参のサラダです。可愛いでしょ。全部人参です。人参ってお肌とか美容にいいんですよ。

これ全部、ベビースターでの味付けです

有野　そうなんですね。次は、このお肉。何や、金箔が入ってるじゃないですか。この

妄想4

アイドルが、料理対決番組で勝てる料理

アイドル、テレビ写りの効果まで知り尽くしてる。

田中　苦労したアイドルですからね（笑）。

有野　何か入ってるで。サクサクしてる。知ってるな、この味。イカですか？

田中　あ、バレた（笑）。

有野　おつまみのイカフライ……。

田中　それを砕いて、ハムの中に。少しフレッシュ感もほしかったので、キュウリを入れたんです。で、そこにサワークリーム。その上に、金箔。

有野　そうなると、ワンプレートいくらくらいですかね。1000円超える？

田中　いや、「うまい棒」使ってますからねぇ。もっと安く上がるんじゃないですか。

有野　なるほど。ここぞというところだけ金かけますね。あ、「ベビースターラーメン」や。わぁ、ベビースターをごはんに入れたんすか？　ん？　カレー味や。

田中　カレー粉をちょっと、ごはんに混ぜて炒めたんです。塩こしょうしてないです、いっさい。

有野　へぇー、こんなに濃い味やのに？

田中　はい、これ全部ベビースターの味です。ちょっとバターでごはん炒めて、ベビースター入れて、お水をちょっと振るんですよ。そうすると蒸気でベビースターはやわらかくなって、それで炒めて。本当に楊枝の先にカレー粉を乗せてポンポンと振って、炒めただけなんです。

有野　簡単やな。あ、豆入ってる。

田中　ベビースターに入ってた豆を刻んで。

有野　入ってたもん全部使ったんですね。

田中　使わないところのないように。

有野　でも、今までベビースターを材料に使ったことないでしょ。ベビースターとごはん混ぜたらこんな味になるって、なんでわかるんすか？

田中　触りながら食べてみて、こっちはカリカリ感を生かして、あっちは殺そうと。で、ごはんと混ぜようと。こっちはタマゴと、うまい……えっと、うまい……？

有野　「うまい棒」。名前も覚えてないのに（笑）。どこにいちばん苦労しました？

田中　駄菓子の味が濃かったので。駄菓子は使うけど、駄菓子味の料理にならないように。で、スクランブルエッグと、エビと人参のサラダを合わせたんです。

有野　すごいな、このアイドル。48歳くらいのアイドルやな（笑）。おばあちゃん子やったのかな。お母さんはいないけど、おばあちゃんがいましたね。おばあちゃんがいろいろ教えてくれたんやろなぁ。おばあちゃんは外国の人やったかもなぁ。この料理はどっちかっていうと、エスニックっぽいのかなぁ。どこの料理ですかね？

田中　ん～、いろんな国が混じってますね。

有野　贅沢やな。全部で6品になりましたね。カクテルグラスの中にエビを入れるって発想が出てくるということは、ホテルのレストランで働いたこともありますね、このアイドル。お母さんは早くにいなくなりましたが、外国人のおばあちゃんがいました。料理はおばあちゃんに習ってたんですね（笑）。

田中　頑張ってる彼女には、ぜひ成功してスターになってほしいですね（笑）。

有野　僕らは彼女を応援しています（笑）。

田中　頑張れー（笑）。

妄想5

ブログで話題になる写真映えする料理

アイドルではイマイチ成功しなかったが、ママタレで再起を狙う

妄想トーク

有野　さて、先ほどのアイドルですけど、残念ながらスターにはなれませんでした。

田中　そうですか。僕らが応援したのに(笑)。

有野　アハハハ、でもホントに料理が好きなアイドルだったんでしょうね。毎朝、自慢の料理の写真をブログにアップしてたんです。

田中　料理が上手なら、もっと仕事のオファーが来て売れると思うんですが。

有野　いや、料理がうまいのはもうみんな知ってるから、改めて話題にはならないでしょうね。それどころか、「新鮮さはないねぇ」みたいなことを制作側は言うんですよ。最初のうちは重宝されるんですけどね。そんなもんなんですよ、テレビって(笑)。新しいのがほしいんです。なので、その後、彼女はあんまりテレビに出なくなって、25歳くらいで結婚するのかなぁ。

田中　もう、結婚しちゃうんですね。

有野　早いんですよ(笑)。相手はJ2のサッカー選手です。スポーツ番組のレポートの仕事で知り合って、すぐでした(笑)。で、頑張って、あっという間に栄養士の資格なんかも取るんですね。

田中　もともと料理作るの好きですし、頑張り屋さんだし(笑)。実際、スポーツ選手の奥さんって大変なんですよね。食生活の管理やなんかで。

有野　彼女はなんで、栄養士の資格取ったかわかります?

田中　なんで?

有野　今度はママタレとして成功したいからです。

田中　ママタレって何ですか?

有野　お母さんやりながらタレントとして仕事もする、ママでタレント。

田中　子役のお母さんじゃないんだ(笑)。

田中　子供は、何歳ですか。

有野　ママは25歳で結婚して今30歳だから、そうですね……6歳になります。

田中　え、できちゃった婚なんだ(笑)。

有野　授かり婚と言ってください(笑)。子供は男と女ですね。

田中　6歳の双子ですか?

妄想⑤ ブログで話題になる写真映えする料理

有野　いえ（笑）、6歳と4歳です。
田中　6歳が男の子？
有野　そう。下は女の子。それ、料理に関係ありますか？（笑）
田中　あんまりないです。でもなんか他人とは思えなくて（笑）。ママタレとして今度こそ成功してほしいな。
有野　うん、そうですね。成功するには主婦からの支持を得ないといけないんです。
田中　栄養士の資格を取って、料理がうまいだけじゃダメなんですか、豪華な料理を作らないと？
有野　豪華やと、逆に叩かれたりする可能性があるんすね。
田中　キャビアとかは使わないほうがいい？
有野　ありえないですね。「今日は娘の誕生日だから奮発してトビコ使っちゃった」みたいなのがせいぜいでしょう（笑）。
田中　トビコ？　トビコ探す方がむしろ大変で……（笑）。子供はイクラも好きですよ。
有野　大好きですねぇ。子供の誕生日はキャビアより、まぁ、イクラでも。「今回は奮発して」とか言えばいいと思うんですけどね。その一言がないと、ブログ炎上します（笑）。
田中　炎上しちゃマズいですね。

家族が喜んで、ママドルとしても成功する料理を

有野　一個、妄想追加していいですか？
田中　どうぞ。
有野　旦那さん、再婚です（笑）。
田中　え？
有野　長女の15歳のお誕生日です。
田中　長女？　まだいるんですか、お子さん。
有野　旦那さんの前の奥さんの子がいました。その子の15歳の誕生日パーティです。
田中　え、誕生パーティ？はい。
有野　お友達おおぜい呼んでパーティです（笑）。娘は多感な時期で難しいけど。学校で「おまえのお母さん、タレント？」とか言われて「本当のお母さんじゃない」って答えてる。でも〝なんとか本当の親子のように仲よくなりたい〟って。
田中　あの……今、一生懸命考えてるんですけど、家ん中がドラマみたく複雑で（笑）。
有野　ワハハハハ。散らかってますね、家ん中散らかってますよね（笑）。
田中　ワハハハハハ。
有野　シェフが降参なら、設定を変更してあげてもいいですよ（笑）。別居した方がいいって言うんなら別居させてもいいですけど……。
田中　別居は……やめましょう（笑）。家族みんながひとつになれるように。
有野　15歳の長女に、〝本当の弟や妹じゃないけど、面倒みてね〟というサインもあるんでしょうかね。そんな料理が作れたら、ママドルとしても成功するんでしょうね。ね、田中シェフ！（笑）
田中　え、僕の責任ですか（笑）。
有野　どうです？　そんなんできますか？　ホームパーティの感じですかね。
田中　家族みんなが喜ぶものにしましょう。
有野　おー、素晴らしい（笑）。
田中　友達呼んで、一品にしましょう。一品勝負で。
有野　でも、あんまり高価なもの使っちゃ炎上しますよ。
田中　フォアグラはなるべく使わないようにします（笑）。
有野　それは炎上確定や。ラムとか、そんなんも使わない方が……（笑）。普通の奥さんたちも〝真似できるわ、これだったら〟ってやつですよ。
田中　そうですね。はい。
有野　じゃ、この家族の幸せのために、お願いします。
田中　なんか凄いプレッシャーです（笑）。

材 料

クレープ（直径27cm）※…2枚
ごはん…120g
万能ねぎ…2～3本
ピラフ※…140 g
カレーソース※…適量
チェリートマト…1個
イタリアンパセリ…適量

作り方

1 万能ねぎは、根の部分だけ切って、茹でる。
2 クレープを2枚広げ、1枚はピラフを茶巾に包む。もう1枚はごはんを茶巾に包み、1の万能ねぎでしばって閉じる。
3 器に2のクレープを置いて、まわりにカレーソースを流す。半分に切ったチェリートマトとイタリアンパセリを飾る。

ピラフとご飯のクレープカレー

クレープで包んで、見た目に愉しく、また、ごはんとピラフを包んで、2つの味でも楽しめるようにしました。

ピラフ

材料

ごはん…180g
グリーンピース…20g
人参（1cm角）…20g
じゃがいも（1cm角）…20g
バター…10g
ケチャップ…10g

作り方

1. 人参、じゃがいも、グリーンピースはボイルする。
2. フライパンを熱してバターでごはんを炒め、1の人参、じゃがいも、グリーンピースを加え、ケチャップで味付けする。

カレーソース

材料

玉ねぎ（みじん切り）…30g
バター…20g
マッシュルーム（スライス）…40g
カレールー…45g
ハチミツ…小さじ2
水…250mℓ
砂糖…1つまみ

作り方

1. バターで玉ねぎを炒め、玉ねぎが透明になったらマッシュルームを加える。
2. 続いて水、ハチミツ、砂糖を加え、沸いたらカレールーを加えて一旦、火をとめ、ルーをしっかり溶かす。
3. ルーが溶けたら火をつけて、塩、こしょう（分量外）で味を調える。

クレープ生地

材料

強力粉…130g
全卵…130g
牛乳…300mℓ
溶かしバター…20g
サラダ油…適量

作り方

1. 卵をしっかりボウルでほぐし、牛乳を加えて混ぜる。
2. 小麦粉をふるいながら1のボウルに入れてさっくり混ぜ、溶かしバターを入れて混ぜたら、冷蔵庫で1時間ほど休ませる。
3. フライパン（27cmのもの）を熱して薄く油を引いて2の生地を60mℓ流し、丸く均等の厚さに広げて焼く。焼き色がついたら返してクレープを作る。

何に見えます？

実食トーク

いろんな味が出てきて、家族が仲良くなれる！

有野　巾着が、いっぱいある！

田中　それぞれ中身違いますから。崩してどうぞ。

有野　みんな喜びますね。「中はなんだろう」って。あ、カレー。

田中　どうですか、シンプルで意外性があって、おしゃれでしょ。

有野　うん、おしゃれだ。あ、うまい。15歳でも作れるっていうことですか。

田中　頑張れば、お母さんみたいに作れる（笑）。今日は一皿に盛りましたけど、大皿に巾着がたくさんあっても楽しいですよね。

有野　うん？　ちょっとそれ絵にしてみてください。

田中　えっと……ルーがあって、なんかソースがパっと。ここにカレー入れるでしょ、あとは巾着、巾着、巾着、巾着、巾着が5つでしょ。

有野　どれどれ、なんかゴミの日みたい（笑）。

田中　え、ゴミの日？

有野　一皿に全員分盛っちゃう。これゴミ袋5つ（笑）。

田中　巾着！（笑）。巾着それぞれにご飯や野菜やいろいろ別なものが入ってても楽しいし。

有野　味がみんな違ってて。あぁ、それは楽しいですね。

田中　具が変わっても楽しいですよ。

有野　うん、「ちょっとそのエビ、お父さんと半分こしよう」みたいなね。

田中　家族が楽しくなりそう。

有野　「そうか、それならお姉ちゃんはこれ作ろう」みたいに、分担もしやすいですね。

田中　みんなで作れますね。

有野　あぁ、いいなぁ、長女初登場かもしれないですね、ママタレのブログに。

田中　素敵なブログだ（笑）。

有野　「長女は巾着を包みました。家族みんなで楽しく作って食べました」みたいなことですね（笑）。あ、でも巾着作るのは難しくないんですか？

田中　クレープで包んだだけです。

有野　クレープを焼くのは難しくない？

田中　まぁ、慣れれば簡単ですよ（笑）。

有野　ワハハハ。それ、それがいちばん難しい。こんな薄く焼けるんですか。

田中　できます、できます。薄焼きタマゴで巻いてもいいですしね。

妄想⑤ ブログで話題になる写真映えする料理

有野　破けないですか。
田中　大丈夫ですよ、練習すれば（笑）。
有野　集中して練習しますよ。長女はそんな子なんです（笑）。
田中　長女がちょっと突っ張っていて「私の巾着の中身、ただのごはんじゃん」とか言っても、弟が「じゃ、僕のと取り換えてあげる」みたいなことになったら楽しい（笑）。
有野　なるかな。「私だけなんで白いごはんなの？」ってグレたりして。
田中　どうしてそう悪い方に考えるかな（笑）。
有野　ワハハハハ。これはお母さんと仲よくなりますね。
田中　巾着ならね（笑）。
有野　巾着だからね（笑）。グレないでほしいですよね、巾着のためにも。ま、現段階では僕らおっさん2人の妄想でしかないからなぁ。実際のところ、どう展開するかわからんけど（笑）。

マッシュルーム入りだから、「パリの味」に

田中　ブログにアップしたら、素敵な画になると思いますよ。
有野　手の届く範囲の材料ばっかりやから炎上することもないでしょうし。この巾着のヒモ、何ですか、緑の。
田中　ねぎです、万能ねぎ。
有野　えー、切れないんですか？
田中　さっと茹でたら切れません。
有野　このママタレ何でもよく知ってるんですね（笑）。凄いな。
田中　ほんとに、よくご存じです（笑）
有野　あ、シェフ開き直った（笑）。
田中　はははは。
有野　そうか、このママタレは苦労人ですもんね。結婚してから栄養士の資格も取りましたしね。知っていてもおかしくない、と（笑）。

田中　はい。全然おかしくないです（笑）。
有野　きっとママタレとして成功してくれるでしょう。
田中　複雑な家庭も料理を囲んで仲よくなればいいですね。
有野　そうですね。
田中　話変わっちゃいますが、マッシュルームが入ってるとパリの味になるそうです。
有野　え、パリの味なんすか？
田中　「カレーマルシェ」ってあるでしょ。フランス語でマルシェはマッシュルームのこと。ところが、「パリの味、カレーマルシェ」って言ってるのに、「カレーマルシェ」はパリにはないんです。
有野　ないんですか。
田中　「ないのに、どうしてパリの味なんですか」って会社に電話して聞いたの。
有野　え、メーカーに電話したんですか？それ、クレーマーですわ（笑）。
田中　いや、疑問に思ったので。
有野　で、どうしてだったんですか？
田中　「マッシュルームというのは、1700年代にシャンピニオン・ド・パリって言ってパリで生まれたものなんです」って。そのスライスが「カレーマルシェ」に入ってるからパリの味なんですって。
有野　ママタレはクレーマーでした（笑）。

妄想6

イイ感じのデートだったけど、つい飲みすぎちゃった
翌朝の、この一品で、彼のハートを鷲づかみ

妄想トーク

サッパリで、スタミナも、それでチャンス！

有野　つき合ってまだ間もないカップルです。ふたりはゆうべ、ちょっと飲みすぎました。でも彼女にとって、これはチャンス、女子力を彼に見せつけるにはいい機会かも。そんなドキドキな状況の女の人の料理！

田中　チャンスなんですね。なんとしても頑張らないと（笑）。

有野　飲みすぎた時は、麺類がいいですね。

田中　麺？　うどんでもそばでも、いいですか？

有野　彼は大阪出身で、彼女は長崎出身です。

田中　え、長崎出身？　なんで？

有野　出身地にあれこれ言わない！（笑）。

田中　で、麺はうどんでもそばでも？

有野　そうめんがいいなぁ（笑）。

田中　え、そうめんですか。

有野　はい。サッパリでお願いします。

田中　サッパリですね？　サッパリは絶対条件なんですよね？

有野　二日酔いで重いですからね、体が。でもスタミナつくほうがいいな。

田中　え、スタミナ？ サッパリのうえにスタミナって難しいですね。う〜ん……。

有野　うなり始めましたね。無理ですか？　変更しましょか？（笑）

田中　いや……無理じゃないです。彼女は長崎でしたね。

有野　はい。そして彼は大阪。それが？（笑）

田中　いえ、はい、う〜ん……。

有野　うなってますね（笑）。降参ですかね？

田中　ぜんぜん……、う、い……、いや、いい感じに……いい感じで……いけます（笑）。

有野　大丈夫ですか。いけます？（笑）

田中　スタミナでサッパリ。やってみます！

有野　ほんまっすか。

田中　はい。そうめんがいいんですね？

有野　うん、そうめんの料理を見てみたいですね。女子力あるとこ彼に見せましょうよ（笑）。

田中　そうでした。チャンスでしたね。

有野　チャンスです！　お願いします！

妄想6 翌朝の、この一品で、彼のハートを鷲づかみ

サッパリ冷製スタミナそーめん

塩とレモンと卵の、ごくごくシンプルな味付けながら、想像以上のおいしさで、一気に食べられます。

材料（2人分）

そうめん…200g
レモン汁…2個
万能ねぎ（小口切り）…適量
塩…適量
全卵…2個

作り方

1 そうめんを茹でて、水で洗ってザルにあけて水気を切る。
2 器にそうめんを入れ、中央をくぼませて、卵を1個割り落とす。
3 レモン汁を1人前に1個分かけ、卵の上に塩ふたつまみほどかけ、万能ねぎをかける。

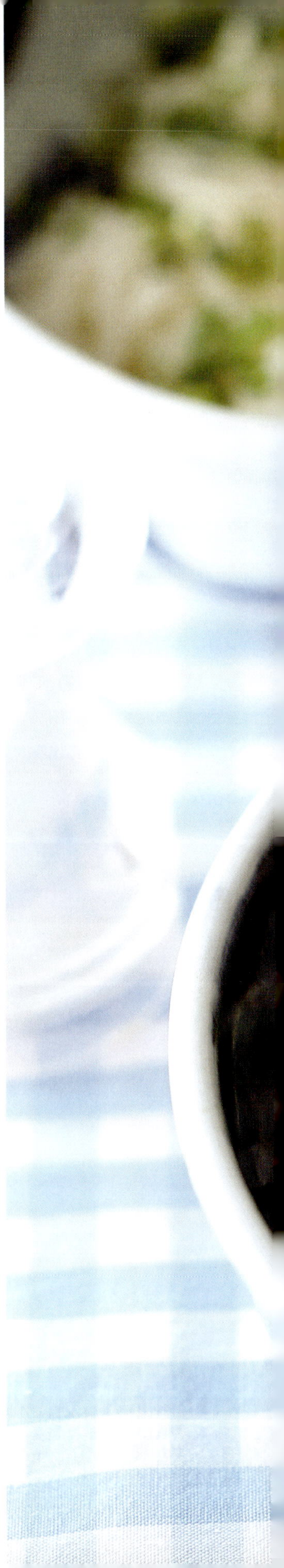

妄想6 翌朝の、この一品で、彼のハートを鷲づかみ

実食トーク

なんか恥ずかしいっすね、生タマゴ入りは……

有野 これ、生タマゴですか。
田中 はい。ちょっとまぜまぜして。
有野 スタミナつきますね（笑）。
田中 もちろん。生タマゴですから。
有野 あ、さっぱりしてる。何ですか?酸っぱいおいしい。
田中 レモン汁です。
有野 レモンと、お塩ですね。塩味が効いてうまい。
田中 彼氏が大阪の方ということなので、大阪でスタミナっていうと生タマゴでしょ?
有野 うん、この塩がうまい！
田中 聞いてます?（笑）
有野 聞いてますよ。
田中 ほら、カレーに生タマゴのっけるとこあるでしょ、大阪では。
有野 ねぎも効いてるなぁ（笑）。
田中 ほんとに聞いてます?
有野 聞いてます。カレーでしょ（笑）。
田中 あとラーメンに生タマゴ、うどんにも生タマゴ。生タマゴ多いんですよ、大阪。もう、大阪の方がスタミナって言ったら、ぜったい生タマゴだと思って。
有野 恥ずかしい。なんか恥ずかしいっすね（笑）。カレーに生タマゴをぐちゃぐちゃってしながら食べる。
田中 昔からある大阪の洋食屋さんのドライカレーとかもね。
有野 うん、「自由軒」ね。実は僕、さっきお昼にパスタ2皿食べたんですけどね。
田中 2皿も食べたんですか?
有野 はい、2皿。それでもすすってしまうわ、やめられへん。
田中 全部食べるとしんどいですよ。
有野 ハハハ、そうなんすよね。
田中 朝でしょ、二日酔いでしょ。油の匂いはイヤだなって。
有野 油を使うのは面倒くさいってのもあるし（笑）。
田中 そう、だから、湯を沸かしながらまな板でねぎをちゃちゃっと切って、全部をひと工程でできる料理。
有野 で、長崎はどこに生きてるんすか?（笑）
田中 へ?　それは、あの、その……皿うどんのようにそうめんを、そ、そうめんを、すごいそうめんを、そそそうめんをお皿に盛ったんで……。
有野 アハハハ、落ち着いてください。器が長崎だ！、でいいじゃなですか（笑）。でも、これは簡単調理でいいですね。
田中 簡単です。なにしろ二日酔いですから。
有野 そうですね。これで彼女は女子力も披露できましたね（笑）。
田中 イタリアの地方で、パスタを冷やしてタマゴかけてレモンとパルメザンで食べる料理ってあるんですよ。
有野 でもお店で出さないですよね?
田中 そう、だから、本にも載ってないし。
有野 このそうめんのメニュー、夏に流行ってはしいですね。塩とレモンだけですもんね。
田中 出身、長崎だったんだなぁ。
有野 アハハハハ、長崎忘れましょう。大阪人のスタミナ、生タマゴも使ってるし（笑）。
田中 器も長崎じゃないしなぁ。
有野 ワハハハハハ。ごちそうさまでした。

妄想78

嬉しいことがありました
自分へのご褒美鍋

男鍋　女鍋

妄想トーク

僕もあるんですよ、一人鍋の思い出が…

有野　鍋料理を食べたいんですけど。誰かに作ってあげるんじゃなくて、お給料もらった自分へのご褒美に。

田中　一人の鍋ですね。ご褒美なのに、さみしいですよね。

有野　でも昔、僕やりましたよ（笑）。

田中　あらっ、そうなんですか。

有野　一人暮らしの時、一人用のお鍋を買ってね。でもなんか思ったほどの量の具は入んないですよ。結局、でっかい鍋を買ってしまったんですけどね。

田中　ほうほう。売ってるポーションが大きいから、使いきれないんですね。

有野　うん、独身の当時って、まだカット野菜とかも売ってなかったから。

田中　昔はなかったですね。ねぎなんかもね、一本売りがなくて、5、6本束じゃなきゃ買えなかった。

有野　束でしたね。6本もいらんし（笑）。

田中　キュウリもひと籠、山盛りになってて。

有野　作るのは好きな方やから、休みが2日あったりすると、なんか材料買ってきて。

田中　ご自分で作るんですか？

有野　はい、自分で鍋作るんですね。アホほどたくさん作って食べてしまう時もありましたけどね（笑）。

田中　それで、〆はご飯かうどんかラーメンかですか？

有野　その日はうどんにして、残っただしで次の日に雑炊してましたね。だいたい。

田中　うどんした後、次の日までとっとくんですね（笑）。

有野　そうです。でも金がなかったわけやないんすよ。

田中　昔といっても、もう芸人さんとして売れてきてる時？

有野　そうですね。もうテレビには出してもらってた頃です。

女鍋にはコラーゲン。豚足？ そんなわけないか？

田中　じゃ今回は男の鍋ですね？

有野　いや、せっかくやから男鍋と女鍋を食べたい。

田中　え？ 男鍋・女鍋、両方？

有野　男の人はこんな鍋かなー、女の人はこんな鍋じゃないかなー、と。両方（笑）。

田中　欲張りですねぇ（笑）。男は、やっぱりガッツリ系ですかね？

有野　お酒呑みながらかもしれないですね。ビールなんか呑みながら、テーブルに携帯コンロ置いてね。で、女子はやっぱりあっさりしてるのがいいかなあ？

田中　お店に来られる女性を見てると、やっぱ健康志向の方が多いですね。お肌プルプルのコラーゲンとか人気ですね。

有野　コラーゲンというと？

田中　やっぱりお肉なんですよ。豚モモ肉とか鶏モモ肉、牛スジ。お肉でいちばんコラーゲンがあるのが牛スジって言われています。

有野　へぇー、豚足じゃないんだ？

田中　豚足は5番目ぐらい。

有野　そんな後ろなんすか。

田中　1位はもう、圧倒的に牛スジ。

有野　へぇ、牛スジっておでんに入っている印象しかないなぁ。

田中　ま、そこらへんを考慮して。女性が輝けるような鍋物にトライしましょう。

有野　そうですね。「私、明日ちょっときれいになってるかな」くらいの。

田中　で、ご褒美だし、ちょっと高級感もあって、みたいなね。

有野　お金の使い方も男と女では、違うんでしょうしね。

田中　じゃ、ちょこちょこっと作ってきます。

有野　男鍋・女鍋、楽しみです。お腹減らして待ってま〜す（笑）。

男鍋

肉だんごとねぎのおろしレンコン鍋

おろしレンコンのとろみと春雨で、身体の芯から温まると同時に、春雨入りでボリュームも満点です。

材料

豚挽き肉…100g
長ねぎ…1本
しいたけ…4個
春雨…30g
レンコン（おろしたもの）…100g
三つ葉…適量
水…400mℓ
日本酒…30mℓ
みりん…120mℓ
醤油…80mℓ
昆布だし（顆粒）…5g

作り方

1 豚挽き肉をボウルに入れて、塩・こしょう（分量外）をして、ねばりが出るまでよくねる。
2 長ねぎは斜め切りに。しいたけは石突きを取る。春雨は水で戻してから水気を切る。
3 鍋に水、日本酒、みりん、醤油、昆布だし、おろしレンコンを入れて2〜3分沸かす。
4 沸いているところに、1をだんごにして入れ、長ねぎ、しいたけ、春雨を加える。
5 肉だんごに火が通って浮いてきたら火を止めて三つ葉を飾る。好みで七味唐辛子をふって食べる。

男鍋

肉だんごとねぎのおろしレンコン鍋

女鍋

香ばしい鰻の
コラーゲン鍋

女鍋

香ばしい鰻のコラーゲン鍋

市販のうなぎ蒲焼を使って、手軽に作れます。コラーゲンたっぷりの汁で野菜もおいしくなります。

材料（小鍋1つ分）

うなぎ蒲焼（市販のもの）…1尾（中サイズ）
玉ねぎ（スライス）…120g
ニンニク…1片
マッシュルーム…3個
長ねぎ（斜め切り）…1/2本
焼き豆腐…1/8丁
赤パプリカ（縦に細切り）…20g
チェリートマト…2個
パセリ…適量
パプリカパウダー…適量
水…350㎖
クリームシチューの素…40g
味噌…40g
砂糖…ひとつまみ

作り方

1 鍋に水を入れて火にかける。沸いたらクリームシチューの素、味噌、砂糖を入れて一旦、火を止め、クリームシチューの素をしっかり溶かす。
2 クリームシチューの素が溶けたらニンニクをつぶして入れ、続いて玉ねぎ、厚めにスライスしたマッシュルーム、長ねぎ、食べやすい大きさに切った焼き豆腐、赤パプリカ、水で軽く洗って切ったうなぎ蒲焼を入れ、ひと煮立ちさせる。
3 チェリートマトを丸のままとパセリを入れ、パプリカパウダーをふた振りくらいする。

実食トーク

満足感が高まるよう、男鍋には、とろみを付けました

田中　お待たせしました。男鍋です。
有野　うわ！　うどん付きや。つけ麺ですか？
田中　本当だったらグツグツやってるとこに入れてもらいたいんですけど。
有野　つみれ。いただきまーす。わっ、うまい。
田中　それ豚の挽き肉です。で、ちょっととろみついてますでしょ？　これレンコンすったの入ってます。
有野　えっ!?　レンコン？
田中　男鍋なんで、ちょっと重たくして、味もちょっと濃い目にして。

有野　ビールに合いますね。

田中　で、最後これ全部一緒に混ぜてもらって一度煮てもいいですけど。うどん入れて、ごはんたっぷり食べられるようにしました。

有野　レンコンはなぜすって入れるんですか？

田中　とろみがつくんです。すると、味が濃くなります。あの……僕、これから女鍋作りに行っちゃっていいですか。

有野　はい、どうぞお願いします。なんか〝できる嫁〟っぽいな（笑）。

女鍋は、見た目も可愛く、コラーゲンは何から？

田中　お待たせしました。あ、男鍋は全部食べちゃった？

有野　はい。完食です（笑）。

田中　作り甲斐があります。では、女の子鍋。

有野　わぁ、可愛い！　パセリや。見た目から女鍋ですね。

田中　今度は、ちょっと取り皿に取って。

有野　女子やからお上品に（笑）。

田中　この赤いのはね、一味じゃなくてパプリカです。

有野　こっちの赤いのは？わぁ、トマトや。

田中　リコピン。美白やダイエットに効果があるらしいです。

有野　けど、煮たトマトは嫌いな女子多いですよ。

田中　だから最後の仕上げに、ポンと入れたんです、トマトは煮てない。

有野　なるほど。スープはクリームですね。

田中　クリームシチューの素。お味噌とお水とクリームシチューの素です。

有野　市販の？

田中　もちろん市販の。そこにうなぎが入ってる。うなぎってコラーゲン抜群。煮てもタラみたくボロボロに崩れないし。

有野　へぇ。豆腐も。女子好きですね。

田中　はい。ニンニクのスライスが鍋の底に入ってまして。それで、玉ねぎのせて、ねぎのせて、うなぎものせて。シチューの素と味噌と水を合わせたものを入れてコトコト煮るだけ。

有野　マッシュルーム可愛い、パリの味だ（笑）。この女鍋にもシメのおすすめとかあるんですか？

田中　シメね……、考えてなかったです。ごはんでしょうかね。

有野　ごはんとチーズですか。

田中　チーズはどうですかね……。

有野　チーズ、無理ですか？

田中　いえ、いいですよ。でも全部が洋風になっちゃうかなと思って。

有野　そうか。一人ならなおさら変化を持たせないとね。これ、もうちょっとゴージャスにしようと思ったら何を入れますか？

田中　この味付けでゴージャスに……何だろ？　伊勢エビ？

有野　伊勢エビ入れますか？　出世して課長になったらご褒美に伊勢エビ（笑）。

田中　いいですけど、ますます一人はさびしい。

有野　ハハハハハ。でも僕、今日うなぎが鍋に入っているの初めて食べました。

田中　そう、僕も初めて作りました。もう全部ほとんど初めてです（笑）。

有野　話変わりますけど、僕たまにウツボを食べることがあるんです。

田中　ウツボをですか？　どうやって食べるんですか？

有野　うなぎみたいに割いて、で、煮るしかないすわ。焼くか煮るかです。

田中　脂っぽい？

有野　すごい食べにくいんですよ。でも地方によってはウツボ料理が高級やったりするんですよね。無人島で食べた時は、骨切りとかぜんぜんしなくて。骨をぺっぺって吐きながら、食べてましたね。

田中　でもそれがいちばんおいしいかもしれない。

有野　そうですね。鍋で煮て、ひと晩たったら全部煮こごりになってましたよ。

田中　じゃあ、スープとかおいしいでしょ。

有野　うん。スープおいしいすね。

田中　ウツボ、築地に売ってるのかな。

有野　ちょっと興味出たんですか？（笑）

田中　僕ね、ウツボ釣ったことがあるんです。けど釣り上げる前に、すっ飛んで来た船長にパツンと糸を切られて。

有野　どうして？

田中　「指を持っていかれるぞ」って。鋭い歯で噛みつかれるから。

有野　そうそう。獰猛で危ないんですよ（笑）。

田中　あん時のこと、一生忘れないぞって。

有野　船長を恨んでるんですね（笑）。

田中　そうじゃなくて、ウツボ食べたかったなって（笑）。

有野　次回の妄想料理は、お姉さんが弟にウツボ料理を作る、にしますか？（笑）

田中　あ、ヒトデを食べる地方もあるでしょ。

有野　えぇーーーっ！

田中　ヒトデを茹でて、むいて食べるんです。

有野　身あるんですか？

田中　そうそうそう、刻んで味噌汁の中に。

有野　げっ（笑）。

田中　ところで男鍋・女鍋、おいしかったんでしょうか？（笑）

有野　とてもおいしかったです。というわけで、次回はウツボ鍋・ヒトデ鍋です（笑）。

妄想 9

弟がお姉ちゃんのから揚げを自慢して、友達みんな連れてきた！

お姉ちゃんが、弟の友達に腕をふるう料理

妄想トーク

お姉ちゃんの唐揚げ目当てに突然、弟の友達が、４〜５人！

有野　次は、あの大根唐揚げ姉弟です（笑）。弟が友達に「おまえらこんなん見たことある？　大根の中に、おろし入ってんねんで。葉っぱのとこがふたになってな……」って絵に描いて見せるんです。

田中　絵日記みたいに？

有野　そう、夏休みの思い出を絵に描くみたいに。友達がその絵を見て「へぇ、おまえの姉ちゃんの料理食べてみたいなぁ」となりました（笑）。

田中　はい。盛り付けのアイデアは合格ということですね（笑）。

有野　そして弟は家に友達を連れて来ます。

田中　すでにお姉ちゃんと約束してたんですか。

有野　いえ。突然来てもいいですか？

田中　いや、突然だと、やっぱし買い出しが。

有野　アハハハハ。

田中　冷蔵庫にある材料だけで作るとなると、あれがないとかこれが足りないとかいろいろと……（笑）。

有野　そうすね。

田中「もう、なんであんた急に友達連れて来るの。前もって言ってくれればいいのにぃ」ってお姉ちゃんは途方に暮れてる。

有野　そこへ「おじゃましま〜す」ってぞろぞろ来るんでしょうね。4、5人連れて。

田中　うわっ。４、５人も連れて来ちゃったんだ。

有野　弟は小学生です。小学校高学年。お姉

ちゃんはバイトしてるから高2かな。弟は小6かな。中学上がろうかという頃ですよ。「『お姉ちゃんの唐揚げ、すっげぇおいしいねん』って話したら、『食べたい』って来てんけど」「今日は鶏肉あんまりないよ。大根もないし」って。「うそやん、みんな楽しみに来てんでぇ」みたいな。「急に来られても、困るわ」……そんな会話でしょうねぇ（笑）。

田中　姉弟の会話なんですね（笑）。

「わ〜い」って、はしゃげるの期待してますよ

有野　あんまりがっつりな料理作っちゃダメなんですね。みんな家帰ったら、さらに晩ごはんも食べるでしょうから。おやつってほど軽くもないんでしょうけど、ちょっとつなぐ、みたいな。「ブタメン」みたいなね。

田中　「ブタメン」て何ですか？

有野　知らないっすか？　えーとね。カップラーメンの、ちっちゃい版みたいなやつ、ミニカップラーメンです。マグカップ分くらいしかない。

田中　それ、どこでも普通に売ってるんですか。

有野　うーん、駄菓子屋さん行ったらあるん

妄想9 お姉ちゃんが、弟の友達に腕をふるう料理

ですよ。アイドルの料理のとこで「よっちゃんイカ」とか「うまい棒」とかあったじゃないですか。あれを売ってる駄菓子屋さんには「ブタメン」っていうのもあるんですよ、ちゃっちゃいカップの。

田中　どんな字を書くの。普通にお湯を入れて食べんの？

有野　カタカナですね。お湯入れて食べるんですよ。

田中　「ベビースター」みたいな？

有野　「ベビースター」よりも、ラーメンですね。スナック菓子じゃないんです。お腹減ってて晩ご飯まで我慢できない子は、そのままバーッと食べるか。

田中　東京で見たことないなぁ。スーパーとかにもあるのかな。

有野　置いてるとこと、置いてないとこありますね。子供が多いとこは置いてるかもしんないですね。お菓子コーナーが充実してるとこなら。

田中　家にある材料で、作るんですよね。でも、子供らは大根のふた開けて、「中になんか入ってるぞ！　わーい!!」ってはしゃげるのを期待して来てるんでしょうね、きっと。だいたい家庭の料理って平らじゃないですか。

田中　はい？　平ら？

有野　お皿にベタってのってるだけで、あんまり高さないでしょ。クラスに張り出した絵の中に、ひときわでかい大根がお皿にドンってのってるのがあって、それを描いた弟に「何これ？」って言って、みんなが集まって来たんですね。「僕が好きな料理」みたいなタイトルで絵を描いたんでしょうね。きっと。

田中　ふーん、〝高さ〟ねぇ……。

有野　ほかの生徒はみんな、ちっちゃなハンバーグやエビフライみたいなものを描いてるところ、一人だけまるまるの大根なんですよ。それ見て興味持ったんでしょうね。「おまえんちのこれは、何や？」って。

田中　うーん、わかりました！

有野　え、もう見えたんですか？

田中　はい。お姉ちゃんになりました。

有野　早っ、もうお姉ちゃんなんや。のり移った。ワハハハハ。

田中　では、お姉ちゃんで、作ってきます。少々お待ちください。

有野　わぁ、お姉ちゃん、キッチンへ消えた（笑）。また大根使うんやろか、今度は高さどうすんねやろ。

妄想9

お姉ちゃんが、弟の友達に腕をふるう料理

色々なんでもベニエ

色とりどり、バラエティのある食感のものを組み合わせてベニエにしました。ソース、たれ、混合塩と、味付けも色々合わせました。

材料

ベニエ生地※…適量
鶏ムネ肉…1枚
豚バラ肉（スライス）…7枚
茹で卵…6個
カニカマ…8本
ズッキーニ…1本
手巻き寿司（コンビニ）…ツナとシャケ各1本
チェリートマト…8個
カレー塩※…適量
マヨネーズたれ※…適量
オーロラソース※…適量
レモン…適量
ラディッシュ…適量
パセリ…適量
大根…1/4本
揚げ油…適量

作り方

1 鶏ムネ肉は2cm幅に切ってから、ひと口大に切る。ズッキーニは1cm幅で輪切りにする。手巻き寿司は1本を4等分に切る。
2 鶏肉にベニエ生地をからめて180℃の油で揚げる。
3 豚バラ肉のスライスは巻いて、ベニエ生地をからめて180℃の油で揚げる。
4 茹で卵、カニカマにベニエ生地をからめて180℃の油で1分ほど揚げる。
5 手巻き寿司にベニエ生地をからめる。海苔が壊れないように注意して生地をからませる。端のごはんが見える部分はしっかり生地をつける。生地でフタをしないと、そこから油が中に入ってしまう。生地をからめたら、180℃の油で1分ほど揚げる。
6 チェリートマトは最後に揚げる。トマトに穴を開けないように注意してベニエ生地をからめる。180℃の油で5秒～10秒揚げる。これ以上油に入れるは破裂する危険がある。
7 器に大根を縦に斜めに切ったものを置いて台にする。その大根にピックで刺すように、揚げたベニエを盛り付ける。大根のまわりにもベニエを盛り付ける。
8 串切りレモン、ラディッシュを飾り、パセリのみじん切りを散らす。
9 カレー塩、オーロラソース、マヨネーズたれを添える。

ベニエ生地

材料

薄力粉…150g
水…150g
全卵…2個
鶏ガラスープの素…10g
塩…適量
こしょう…適量

作り方

1 卵は黄身と卵白に分ける。卵白は泡立てる。
2 黄身に水を加えて混ぜ、続いて小麦粉、スープの素、塩、こしょうを加えて混ぜる。
3 泡立てた卵白と2をさっくり混ぜ合わせる。

オーロラソース

材料

マヨネーズ…30g
ケチャップ…10g
砂糖…1つまみ

作り方

材料をよく混ぜ合わせる。

マヨネーズたれ

材料

マヨネーズ…30g
焼肉のたれ…10g

作り方

マヨネーズと焼肉のたれをよく混ぜ合わせる。

カレー塩

材料

カレー粉…4g
塩…25g

作り方

1 フライパンにカレー粉を入れて火にかけ、炒る。
2 香りが出てきたら塩を加えて1～2分炒り、塩にカレー粉の色が付いたら取り出す。

実食トーク

えっ？ 衣つけて揚げた？

有野　うわー、色とりどり！ 豪華ですね。
田中　4、5人っておっしゃってたから。
有野　晩ごはん食べられへんくらいおなかいっぱいになるんちゃうかなぁ。これは豪華ですねぇ。
田中　冷蔵庫にあったものだけですけど。
有野　それに、子供の好きな揚げもんじゃないですか。これはマヨネーズとソース？
田中　ええ、両方とも子供の好きな味です。そっちはカレー塩です。
有野　カレー塩？
田中　カレー粉をフライパンで炒って、その中に塩入れてちょっと炒めたやつです。
有野　これは？
田中　ケチャップとマヨネーズ。こっちは、焼肉のたれとマヨネーズ。みんな子供好きですもん。タマゴも揚げちゃいました。
有野　わぁい（笑）、茹でタマゴ、揚げてから切ったんですか。
田中　そうですね。タマゴまるまる1個。ちょっと切り口見えた方がきれいかなと思って。
有野　そうですねぇ。でもこれ、高校生に作れますか？
田中　作れますよ。冷蔵庫の中のものを切って、どんどん揚げるだけですもん。
有野　フフフ、ワハハハ。
田中　とにかくどんどん揚げるだけ（笑）。
有野　ワハハ、ほんまですか。高さがありますね、盛り付けにねぇ。これで具は何種類くらいですか。
田中　ズッキーニ、鶏肉、ほかに5、6種類あるのかな。
有野　そんなに。この高さは何で作ったんですか？ ま・さ・か？
田中　はい。あのお姉ちゃんですから（笑）。
有野　あ、大根や、大根や、ククク。あ、ズッキーニ。
田中　有野さん、全部つままなくても……（笑）。
有野　そっか（笑）。焼肉のたれとマヨネーズは、初めてです。これは？
田中　カニカマ。
有野　うまい！ あれ、こっちは何？
田中　冷蔵庫にあったんですが。
有野　え、何やろ、あ、巻き寿司か？
田中　当たり！
有野　ワハハハハハ。巻き寿司を見つけたんですか。ふつう〝これ揚げてまえ〟ってなるかなぁ（笑）。
田中　コンビニの巻き寿司、4分の1に切って、衣つけて揚げてみたんです。
有野　斬新やな、姉ちゃん。あかん、晩ごはん食べられるかなぁ（笑）。この巻き寿司、中身は何ですか？
田中　カニカマと、確かサーモンだったかな。
有野　あ、2種類。超高校級の腕前ですね（笑）。
田中　ありそうでしょ、どれも冷蔵庫に。タマゴはどこんちでもあるでしょうし。
有野　うち、冷蔵庫に絶対入ってたのって目薬と座薬でしたけどね。かみさんに「何で冷やしてんの？ どんな効果があるの？」って聞かれて。
田中　目薬を？
有野　座薬を（笑）。

妄想9

お姉ちゃんが、弟の友達に腕をふるう料理

田中　そりゃ溶けるからですよ（笑）。

有野　え、溶ける？　何が？　何で、どこが溶ける？

田中　先っちょの方。ほら。ちょっと温めて、入れる時……（笑）。

有野　先っちょ？入れるって？

――この後しばらく、座薬の材質や効能などについて、二人のトークは白熱して盛り上がりましたが、その内容について本の性質上ふさわしくないと判断いたしましたので、このトーク部分は割愛させていただきます（笑）

卵白と卵黄に分けて作る揚げ衣がポイント

有野　あ、これ、おいしいお肉や。

田中　じゃ、豚バラだったのかな？　味ついてます？

有野　うーん、はい、ついてます。

田中　じゃ、鶏肉です。そもそものお姉ちゃんの唐揚げ、おいしかったんですけど、今日はムネ肉しかなかったんです。冷蔵庫の中に。お姉ちゃん得意の、唐揚げの味つけに、粉じゃなくて、この衣をふわっとしたのをかけて、どんどん揚げたんです。どんどん切ってどんどん揚げた。

有野　わぁ、もうお祭りや。これは子供好きですねぇ。作り方、簡単ですか？

田中　はい。問題は衣だけですから。

有野　衣は普通の衣ですか？

田中　ええ。タマゴと……タマゴはね、白身と黄身を別々にして。黄身の中に水入れて、粉も入れて、普通の天ぷらの衣をドロドロにして。白身の方はチョコチョコって泡立てて、それを黄身と合わせるとふわっと……。

有野　メレンゲみたいに。

田中　はい。料理教室の先生が言うように〝先が針のようにツンととがるまで〟とかじゃなくて、適当に混ぜて。

有野　高校生、メレンゲできますか？

田中　大丈夫です、ホイッパーがあれば。ホットケーキ作る時に使うでしょ。

有野　あるかな？　僕らの子供ん時はホイッパーなんかなかったですよ。

田中　ホットケーキ作ったことありませんか？

有野　手で泡立ててましたよ。

田中　お箸で？

有野　泡立て器で。

田中　なんだ、泡立て器、あるじゃないですか（笑）。

有野　あ、そうか。英語でいうと電動のええやつの感じしたから（笑）。

田中　あぁ、電動のやつはなかったかもしれませんね（笑）。

有野　お、カニカマ揚げたのうまいですね。こっちは豚肉？

田中　冷蔵庫開けたら豚バラがあったんで、それをコロコロコロって丸めて、固まりにして、塩・こしょうして揚げたんです。ジューシーになるから。お姉ちゃん居酒屋でバイトしてるんでそれくらいの工夫はできるかな、と。

有野　ええとこでバイトしてますね。宴会も多いんやろな。お姉ちゃん、地道に料理の腕上げてきてますねぇ。

田中　弟の友達に喜んでもらえましたね。

有野　お姉ちゃん、ごちそうさまでした！

田中　どういたしまして（笑）。

妄想10

気になる人に「いつも旨そうなお弁当持ってきてるね」と言わせたい
「ひと口どうぞ」お弁当

妄想トーク

気になる男の子の気を引けるような、お弁当

有野　次は、この高校3年生のお姉ちゃんに、好きな人ができました。

田中　あら。

有野　ので、もう弟は登場しません。

田中　そうですか（笑）。

有野　で、お姉ちゃんは1学期にクラス替えがあって、〝いいな〟と思う人が現われたんです。〝でも私から声かけんのもなんやし、何かきっかけないかしら〟って思って……。

田中　ほう。

有野　〝私、お料理得意やし、おいしそうやなと思われるようなお弁当作ったら「ひと口ちょうだい」って声かけてもらえるかも……〟って思ったりして。

田中　はいはい（笑）。

有野　〝私、お勉強とか運動とか苦手やけど、お弁当やったら自信あるし、素敵なきっかけになるかもね〟って。

田中　うんうん。

有野　ということで、お弁当をお願いします。

田中　なるほど。お姉ちゃんが自分で持って行くお弁当ですね。

有野　そう。なにげに見せびらかすわけです。

田中　場所はどこですか？

有野　学校。お昼休みに教室でお弁当を広げます。女の子が作るサイズやから、ちっちゃいですよね。

田中　でも、お!?　と思わせないといけない。

有野　そうです。「おまえ、いっつもおいしそうなお弁当持って来るなー」って感じでしょうね。

田中　うーん。

有野　キャラ弁とか、そんなんじゃないんですよね。いつもなんか技してるな、っていうような。

田中　技ですか？

有野　そう、なんか……絞るのか付けるのか、〝やるな〟って思わせる工夫をしたい。

田中　そして、きれいなんですよね。

有野　もちろん。

田中　5色以上なんですよ。きれいな料理って。

有野　へえ、5色。

田中　僕、盛り付けする時、5色はのせるようにしてるんです。ソースの色とお肉の色と、パセリとトマトとレモン。もうこれで5色です。

有野　そうなんや。服は3色以内に抑えろっていいますけどね。

妄想⑩

「ひと口どうぞ」お弁当

田中　あら、そうなんですか。

有野　はい。がちゃがちゃ見えてしまうから。そうか、料理は5色なんですね。うちの2人の娘は、オムそば弁当が好きですよ。弁当箱の蓋開けたら、まっ黄っ黄です（笑）。

田中　オムそば弁当？　お好み焼き屋さんにあるオムそば？

有野　そうですね。焼きそばをタマゴで巻くっていう、あれが好きでね。〝やったー〟って思うらしいんすよ。「お母さんに手ぇ抜かれてるで」って思うんですけどね、僕なんか。

田中　確かに（笑）。

有野　オムそばは2人とも絶対残さず食べますね。

田中　おいしんでしょうね。僕、子どもの頃、「マルシンハンバーグ」が入ってるお弁当が好きでしたね。

有野　あ、わかる。うまいですね。

田中　ラードがついてるやつ、最初から。フライパンにのっけて焼くだけ。

有野　ふんわりじゃないんですよね。かたーいのね。

田中　かたーいの。あれとごはんがあれば、もう、幸せでしたね。

有野　あったなー、食べてたなー。

田中　お姉ちゃん、高校3年生でしたよね。

有野　はい。3年生に上がりました。就職なのか、進学なのか。〝どうしようかなぁ、授業料高いとお母さんに迷惑かけるし〟といろいろ悩んでいる中、ちょっと気になる男子が現れました。

できあいのもの中心でも、可愛らしく。できるかな？

田中　えっ、同じ学年？　クラスも同じなんですか？

有野　同じ学年、同じクラスです。お昼食べる時はその子の目にも入るでしょうね。その子はいつも食堂か、パン買って来てるのか、みたいな感じですね。体育会系ではない感じ。

田中　体育会系じゃない？

有野　体育会系やったら、お肉に目がないやないですか。それではおもしろくないから……帰宅部です。

田中　はい、イメージできました。

有野　もうわかったんすか？　女の子サイズやから、そんなに敷地面積ないお弁当箱ですよ（笑）。

田中　そうですね。そこにきれいに可愛らしく。僕、思ったんですけど、それお姉ちゃんが作るんですよね？

有野　はい、お姉ちゃんが自分で。

田中　たぶん、こんな小さなコロッケとか、小さいハンバーグとか、おかずは一から作らないと思うんですよ。今は冷凍食品とかあるじゃないですか。

有野　種類も多いですからね。

田中　なんか、全部手作りだとちょっと不自然かなと。できあいのものも7割8割入ってて。

有野　いいですよ。それで鮮やかにできるんですか。

田中　え？鮮やかに。はっ、で、できると……思います、はい。

有野　いいんですよ、ギブアップしても。別の妄想にし直しますから（笑）。

田中　いやいやいやいや。僕、すでにお姉ちゃんになってますから（笑）。

有野　えぇーっ（笑）おっかしいなー、僕ん中のお姉ちゃんはすげぇ痩せてんですけど。それに髪長い感じなんすけどね（笑）。で、その髪をキュッと束ねてお弁当作る感じやったんすけどね。

田中　アハハハハ、すみません。じゃ、髪束ねて作ってきます。

有野　アハハハ……でもシェフ、痩せてないし（笑）。お願いします。

牛バラピーマンのたれ焼きと鮭、鶏のベニエ、ひと口おにぎり

味付けは、全部、焼肉のたれでしました。「つまめる」よう、牛バラ肉も巻いて。タマゴ焼きは、でんぶをはさんで、「ひと工夫」を感じる品にしました。

材料

牛バラ（スライス）…2枚
ピーマン（細切り）…1個分
厚焼き卵（コンビニ）…1/2個
てんぶ…適量
鮭（甘塩）…50g
鶏ムネ肉のベニエ（P58の作り方と同じ）…1個
おにぎり…3個
焼肉のたれ…適量
塩…適量
こしょう…適量
サラダ油…適量
チェリートマト…1個
サニーレタス…適量
パセリ…適量
ラディッシュ…適量

材料

1 牛バラ肉のスライスでピーマンの細切りを巻いて塩・こしょうする。フライパンに油を引いて熱し、巻いた牛肉を転がしながら、焼肉のたれをかけてからめながら焼く。
2 厚焼き卵は半分に切って、間にでんぶをはさんでピックでとめる。
3 鮭はグリルで焼く。
4 前日の残りの鶏のベニエ、食べやすい大きさに切った牛バラ肉ピーマン巻き、焼き鮭、おにぎり、サニーレタスを弁当箱に詰め、チェリートマト、ラディッシュ、パセリを隙間に飾る。

実食トーク

ピンチ？　お弁当箱では「高さの技」が使えない

田中　ジャン！

有野　わぁ、可愛い。そうか、女子の箸や。彼氏、どのおかずを見つけて「ひと口つままして」って言うかなぁ。これ、何ですか？

田中　さっきの唐揚げ。

有野　アハハハハ。

田中　おんなじお姉ちゃんだからね。

有野　こっちはおにぎりだ。

田中　はい。一生懸命考えたんですが、高校3年生ですよね。きっとそんなにテクはないですよ。

有野　あのお姉ちゃんでも？

田中　そう。だから正直なところ、味付けは全部、焼肉のたれです。

有野　え！

田中　サーモンも焼肉のたれ、こっちにも焼肉のたれがかかっています。

有野　そうか、お弁当はお姉ちゃん得意の高さで勝負できないから。

田中　ハハハ。高さ得意だったんだ。

有野　小さいお弁当箱では高さの技は使えないですもんね。あ、おいしい、おいしいですね。ホンマや、焼肉のたれで焼いてる。塩じゃないんや？

田中　えーと、軽く塩・こしょうして、サラダ油で焼いて、焼肉のたれをかけて、ちょっとジューっと焦がし気味にして、オーブンの中に入れて1分半。

有野　え、オーブン？　へぇ。

田中　電子レンジでもいいんです。

有野　うん、これ男子学生好きな味ですね。

田中　まだそれほどテクないし、お姉ちゃん。

有野　うん。お弁当箱やから、大根の高さは使えないですもんね。

田中　使えない使えない（笑）。

有野　おいしい。ピーマン。これは？

田中　タマゴとでんぶ。冷蔵庫にあったから。

有野　甘くておいしいですね。この分厚い鮭、うまいですね。

田中　薄いのでも大丈夫です。焼肉のたれは重宝しますよ、子どもたちには。

有野　お肉だけじゃないんすね。魚にかけてもええんや。メーカーはどこでもいいんですか？

田中　まあ、普通に売ってるのだったら、みんなおいしいんじゃないんですか？　こだわったことないですけど（笑）。

有野　うちはこだわりありますね。「このメーカーに限る」ってのが何かあったぞ。

田中　ご自分でスーパーとかへ買い物に行きます？

妄想⑩

「ひと口どうぞ」お弁当

有野　行きますよ。で、毎回ポン酢買って怒られてます。

田中　怒られる？なんで？

有野　「ポン酢、もうあるよ」って。

田中　ははははは。

有野　帰って見たら5本あったりするんですよね（笑）。

田中　なんで毎回ポン酢買って帰るんですか？

有野　何でなんすかね（笑）。買い物行くと、〝ポン酢なかったなぁ〟って思うんです。〝ポン酢なかったなぁ、買っとこ〟これを毎回やってるらしいです。

田中　アハハハ。ポン酢好きなんですか？

有野　好きですね。で、毎回いろんなのを買うんですよ。なくなったら次これって。でも家にある5本のうち、3本が一緒のもんだったりするんすよ。なんやろな。

田中　同じポン酢が？

有野　そう。なんでやろな。ボトルの柄がおいしそうやからとか、毎回同じように思うんですよね、きっと。

田中　バカなの？（笑）

有野　アハハハ。バカですよね。でも、ホントにおいしいと思う1本は決まってるんですよね。「まだあるよ」って言われても、目にとまるとつい買っちゃいますね。

田中　溜まっちゃうでしょ。そのポン酢。

有野　でも最近は気をつけてますよ。買わないように気をつけてたら「もうぜんぜんないんだけど」って言われたりして（笑）。

田中　今度はなくなっちゃった（笑）。

有野　「もうないならないって言っといてぇや。この間、お店行ったのにぃ」（笑）。

田中　じゃあ、奥さんの代わりに買物行く時もあるんですね？

有野　行きますね。好きですよ、僕が料理作るって時は行きますね。日曜日のお昼とかは僕が作るんですけど。

田中　そうなんだ!?

有野　でも、カミさんが切ったりなんか全部下ごしらえしてあって、僕はのそっと起き出して炒めるだけ。

田中　へぇ、それはラクですね（笑）。

有野　ほとんどカミさんの仕事で、最後のいいとこだけ僕が。シェフ扱いですね（笑）。

田中　いやいや、そういうのはシェフとは言わないですよ（笑）。

有野　アハハハハ、そうか。

田中　それだって子ども達は喜ぶでしょ。

有野　オムライス作る時は僕が巻くんです。

妄想⑩ 「ひと口どうぞ」お弁当

この男の子、次の日もお弁当のぞきに来るよね

田中　今、召し上がってるのは、コンビニの芋サラダです。

有野　これ？　なんすか、今まででいちばんおいしいじゃないですか（笑）。

田中　は？

有野　ショックでしょ？（笑）

田中　倒れそうです。

有野　アハハハハ（笑）。こんなにいくつもの違う料理作る日ってあるんすか？

田中　ありますよ、たまに。

有野　弁当箱の色は5色には関係ないんや。

田中　あります、あります。白いお皿に盛る時は特に5色ですよね。

有野　わあ、女子は量が少ないな。あっという間になくなるな。好きな男子でもおかず1つ取られたらイヤやな（笑）。

田中　僕もね。おにぎりを2つ入れるかな、3つかなぁ。3つ入らないかな。ダイエットにも気ぃ使っているだろうし、っていろいろ考えましたね。

有野　おかず多めにするかですよね（笑）。

田中　これ、会社員さんとかだと、銀ホイルなんかをけっこう使うんですよね、可愛いらしく。だけど、まだ高校生でしょ。朝は眠たいのに手間かけるかな……だったらこれかなって、芋サラダをガガッて入れちゃいました。

有野　ここのお母さん、早朝から働きに行ってるんだろうなぁ。市場かな、市場の事務かな（笑）。豊洲に行くか、築地に行くかみたいな。

田中　早朝って？

有野　朝の3時ぐらいには自転車で行くんですよね。「市場が今度豊洲になるから、遠くなるわね」とか言って。この本出るころには豊洲に変わってるんかな、まだ築地なんかな。

田中　どっちになるんでしょうね。

有野　いいですね。このお弁当。「ひと口どうぞ」って言ったら、男子は絶対「このお肉くれ」って言うやろなぁ。そう言った後に「その鮭も」って。「これも同じたれで味付けしたんだよ」って言ったら「ええ？」って。「鮭は塩でしょ？」とか言うんですよね。「焼肉のたれだから甘いよぉ」みたいな感じで食べさせて「うわ、うまい！」ってなって「おにぎりも1個あげる」ってな展開になっていくんでしょうかね。

田中　すごい、一人妄想（笑）。

有野　この男子は次の日のお弁当も見たくなりますよね。「今日は何？」みたいな。そうなると、お姉ちゃんの料理の腕はどんどん上がっていきますよ。

田中　好きな男子を振り向かせましたね。

有野　ねぇ。今後はその男子にひと口あげること前提でお弁当作ることになるんでしょうね。

田中　ひと口じゃなくなってきますね。

有野　この子どんどん、料理の腕上げて成長して、しばらくすると、お重のお弁当になってるかもしれないですね（笑）。このお姉ちゃんの今後の成長を見守りたいなぁ。

田中　はい。僕も成長が楽しみです（笑）。

有野　お姉ちゃん、ごちそうさまでした。

妄想 11

初めて私の部屋に彼が来る。
わざと焦らせて…

「ちょっとこれ、つまんで待っててね」お酒のおつまみ

妄想トーク

え？ シャンディガフを飲みながらのおつまみ？

有野　さっきのお弁当女子に成長したお姉ちゃん。高校3年生の3学期に告白をしました。お弁当の甲斐あって彼と付き合うことになりました。

田中　あの彼とお付き合いしてるんですね。

有野　お弁当をつまんだ彼です。

田中　それはよかった。僕もうれしいです（笑）。

有野　で、お互い大学生に。進学した大学は別々なんですが、ずっと付き合っていました。

田中　どっちから告白したんでしたっけ？彼女のお弁当を気に入って、彼氏のほうから告白したんですか？

有野　そうですね。料理の腕もどんどん上げましたしね。彼に、お弁当で猛プッシュしたんでしょうね。今回はね、その彼が初めて私の部屋に遊びに来ました。

田中　〝私の〟って……有野さんがお姉ちゃんなんですね。

有野　はい。田中さんもお姉ちゃんです。一緒にお姉ちゃんになりきりましょう（笑）。

田中　はい（笑）。

有野　お互い20歳ですから、お酒も飲めます。まずは「ちょっとこれ、つまんどいて～」みたいなのを。

田中　また、つまませる手ですね（笑）。彼が来るのは、夜ですか？

有野　夜ですね。

田中　一人暮らし？

有野　お互い一人暮らしです。いや、彼は大学の寮にします。彼は大学の寮暮らしです。今夜は彼女の部屋に遊びに来ま

した。その時に出すおつまみ。

田中　まずおつまみなんですね。

有野　おシャレな感じがいいですねぇ。あのお姉ちゃん、「ちょっとつまんでて」って言うわりには凝ってたりもするんですよ、きっと。

田中　おシャレな感じでね。この場合、洋風なんでしょうね。やっぱり。お酒は何を飲むんでしょうか。

有野　ビールですね、ビール……シャンディガフぐらいにしとこかな。

田中　シャンディガフ？　何ですか、それ？

有野　ハハハハ。シェフ、知らないんだ!?　ジンジャーエールと割るんですよ。ちょっと甘いビールって感じ。

田中　へー、シャンディガフっていうんだ。

有野　女の子はディタ・グレープフルーツですね。

田中　はぁ？

有野　女子大生はたいていディタ・グレープフルーツ飲むんですよ。

田中　それ、カクテルですか？　フイチリキュールの〝ディタ〟でしょ。それが流行ってるんですか、今？

有野　僕がコンパ行ってた頃ですから、もう随分昔の話ですけどね（笑）。その頃女子はみんな、ディタ・グレープフルーツ飲んでたんですよ。

田中　昔も今も若い人って甘いの好きですよね。フランスの若い人が好きなのは、ココナッツのリキュールとコーラなんですよ。

有野　へぇ。僕が東京出て来てすぐの頃は、なんやったかな……そう、ファジー・ネーブルみたいのが流行ってましたね。

田中　それって20年前のお話ですよね（笑）。

有野　古すぎてヒントになりませんか？

田中　いえ、そういう意味じゃなくて（笑）。ちょっと甘系の飲み物と、おシャレなおつまみで「待っててね」って感じですね。

有野　お、ヒントになりましたね、僕の20年前。おシャレなやつで、お願いします。ちゃちゃっと、やってきます（笑）。

田中　お願いします。ところで、今の若い子が飲むのって何なんやろ。僕ら20歳の頃のアルコールの飲み始めは、カシスとカンパリとファジー・ネーブルやったんすよね。お酒に弱い子はファジー・ネーブル。その後、ディタ・グレープフルーツが流行ってたなぁ。今の子は何飲むんやろ。あんまり飲まへんのかな。シャンパンとかになんのかなぁ……。

有野

タラコとアボカドディップの海苔巻き ボイル海老と芽キャベツ添え

タラコとアボカドで手軽に作れるソースがポイント。スパークリングワインとカシス（多めがいい）のカクテル「キール・ロワイアル」にとてもよく合います。

材料

エビ…3本
サニーレタス（せん切り）…少々
アボカド…1個
タラコ…1腹
マヨネーズ…30g
塩…適量
こしょう…適量
チェリートマト…1個
パセリ…適量
レモン…1/8個
芽キャベツ（冷凍）…4個
海苔…適量

作り方

1. エビは少しの塩で茹でる。
2. アボカドは縦半分に切ってタネを取り、果肉をスプーンでくり抜く。果肉はボウルに入れてフォークでつぶす。
3. 薄皮から出したタラコ、マヨネーズ、塩、こしょうを2に加えて混ぜる。
4. グラスに3を盛り付け、縦に4等分したチェリートマトを飾り、パセリを飾る。
5. 茹でて半分に切った芽キャベツ、サニーレタスの上にエビ、海苔、レモンを添える。

妄想⑪

「ちょっとこれ、つまんで待っててね」お酒のおつまみ

実食トーク

お姉ちゃん、二十歳だから、クッキーでなく、海苔！

田中　ちょっと、これ、つまんでいてね（笑）。

有野　出たっ！　20歳のお姉ちゃんもやるなぁ（笑）。

田中　海苔にしたんです。そしてこのディップ。アボカドとタラコ、それとレモン。

有野　ディップをつけるのは、パンじゃないんですか？

田中　パンですが、海苔を巻いて。まぁ、ひとつずつ食べて、ちょっと待っててね、と。

有野　つまんでみます。
あっ、うまい！　海苔おいしい！　海苔って考えもせんかったな。

田中　まだ20歳ぎりぎりだから、海苔。

有野　へ？

田中　25、6、7歳ぐらいになると、バーとかにも行くでしょうし。そうなると、たぶんもっと世間を知るから、クッキーのようなってか、もう少し洗練されたのがついてくると思うんですね。

有野　居酒屋でバイトしてても？

田中　あぁ、このお姉ちゃん、居酒屋の厨房でバイトしてましたね。でも、居酒屋にクッキーないでしょ。

有野　ないかなぁ？　今けっこういろいろありますよ。

有野　わぁ、でもうまいなぁ、これ。海苔は正解ですね。でも海苔とは考えたなぁ。

田中　ありがとうございます。で、さっき話した甘めの飲み物。

有野　わぁ、いいですね。このお姉ちゃん、ホント料理うまいな。〝こいつやるな〟って、彼はまた思うでしょうね。

田中　はい。このお姉ちゃんになりきって勝負メニューを作りましたから（笑）。

有野　ウハハハ。田中さん、20歳の女の子になったんすか。

田中　はい。なってる、でしょ。

有野　でしょ、って言われてもなぁ（笑）。お姉ちゃんの見かけはともかく、おいしかったっす（笑）。

妄想⑫

作戦通り彼はホロ酔い。いい感じまで、あと一押し

初めての夜のメインディッシュとデザート

妄想トーク

お姉ちゃんの得意な盛り付けで。やっぱり「高さ」でしょ!

田中　いよいよ、メイン作ります。

有野　お酒飲みながら「ちょっとつまんでて～」って、このあとどんなことになるんすか?

田中　彼は、部屋に泊まるんですかね?

有野　どうしようかなぁ……まだ20歳でしょ。父親目線で考えれば、それは避けたいですね。だから彼の寮には門限があってほしいです。

田中　彼はスポーツマン?

有野　スポーツはやってないですね。今年の夏の目標は、鳥人間コンテストに挑戦することです（笑）。

田中　鳥人間コンテスト?　それじゃスポーツマンじゃないですか。頭使って、身体使って。

有野　でもプレイヤーじゃないんですよ。飛び立つ時に羽を押す係です。それと、翼を運ぶ係も。脚力はいらないんです。まだ大学の2回生ですが、そういう団体行動は案外好きなんです。あ、鳥人間コンテストだからって、鶏肉はイヤですよ。

田中　鳥イコール鶏だなって思ってた矢先です。

有野　お、料理のヒント見つけた!　って?

田中　そうです（笑）。メインの料理もやっぱ、和食系じゃなくて、洋風ですよね。

有野　ちょっとコッテリした感じが欲しいですね、気分としては（笑）。

田中　はい!　今の、ちょっとコッテリした感じで、パンと料理が浮かびました。

有野　ほほう。このお姉ちゃん得意の盛り付けも欲しいですね。高さ!　高さのある盛り付けが欲しいです（笑）。

田中　高さ、でしたね。わかりました。

有野　高さもいけますか?

田中　高いの好きなんですから。

有野　このお姉ちゃん、盛り付けに高さ利用しよるんですよ。お弁当以外、何かしら高さがある。彼が鳥人間コンテストだけにね。フフフ。

田中　あぁ、なるほど。

有野　なるほどかどうか、わからないですけど（笑）。

田中　鳥人間コンテストだから、高さなんでしょ?

有野　まぁ、そうなんすけどね。あらためて言われるとなんか恥ずかしなってきたなぁ。ま、いいか（笑）。このあとのメイン料理は、お姉ちゃんが、高いところからバーッて飛びます（笑）。

田中　飛ばない!　飛べない!!（笑）

牛モモ肉のステーキとフルーツオニオンソース
冷たいシューと温製チョコレートソース添え

ビーフシチューの素を活用し、手軽に本格的な濃厚ソースに仕上げます。温かいチョコレートソースにすると、市販のプチシューがおしゃれに大変身します。

材料

牛モモ肉（塊肉）…150g
塩…適量
こしょう…適量
オニオンソース※…適量
パイナップル…適量
キウイ…適量
赤すぐり…適量
プチシュー（市販品）…4個
チョコレートソース※…適量

作り方

1 プチシューは冷凍しておく。
2 フライパンに大さじ1の油（分量外）をしいて、塩・こしょうした牛モモ肉を好みの焼き加減に焼く。
3 焼いた牛モモ肉は横に半分に切って皿に盛り付け、温かいオニオンソースをかける。
4 ソースの上に小さくカットしたパイナップル、キウイと赤すぐりを飾る。
5 凍らせたプチシューと温かいチョコレートソースを添える。

オニオンソース

材料

玉ねぎ（みじん切り）…30g
バター…20g
赤ワイン…40mℓ
水…大さじ2
ビーフシチューの素…4g
砂糖…ひとつまみ
赤ワインヴィネガー…3滴
塩…適量
こしょう…適量

作り方

1 玉ねぎをバターで炒める。玉ねぎが透明になり、少し茶色くなるまで炒める。
2 赤ワイン、水を加えて沸かし、ビーフシチューの素、砂糖、赤ワインヴィネガーを入れたら一旦、火を止めて、ビーフシチューの素をしっかり溶かす。
3 ビーフシチューの素が溶けたら火をつけ、味見をして塩、こしょうで調える。

チョコレートソース

材料

板チョコ（明治製菓）…100g
牛乳…70mℓ

作り方

1 牛乳を弱火で温める。沸騰する直前に板チョコを細かく刻んで加えてごく弱火にする。
2 沸かさないようにしながら、板チョコをしっかり溶かす。

妄想⑫

初めての夜のメインディッシュとデザート

実食トーク

デザートには、板チョコを溶かした温ソース

田中　召し上がれ。

有野　やったぁ、フルーツ入ってる。こっちはデザートですか？　無理くり高さ作ってきましたね。

田中　まぁ、おソースを食べてみてください。

有野　どれ、わっ、さっぱりしてる。うん。

田中　このソース、ビーフシチューの素で作ったんですよ。

有野　もと？　どういうことですか？

田中　ステーキを焼いた後の肉汁が出た油にバターもちょっと入れて、玉ねぎのみじん切りを炒める。そこにお水と赤ワインをちょちょっと加え、沸騰させて、ビーフシチューの素入れて、あと砂糖と塩とこしょうで味を調えます。

有野　こっちのカップの中身は何ですか？

田中　あったかいチョコレートソースです。かけちゃうんです、シューに。シューは凍らせてますから、たっぷりかけて。

有野　あっ、ホンマや。中、シャリシャリ。これはクセになりますね。このお姉ちゃんと結婚したら、一生こんなん食べられるんやろなって思わせたら、なかなか高評価になりますね。彼はもう、男子寮に帰りたくないでしょう。そうなれば、こっちのもんです（笑）。

田中　はい、帰さないつもりで作りましたから（笑）。お肉で逃がさない。デザートを食べ終えるまで一緒にいさせる。

有野　20歳ですごい女子力。チョコは溶かしただけなんですか？

田中　明治の板チョコを溶かしたんです。昔、何か集めたらゴリラが当たったやつです。

有野　知らないな。世代が違います（笑）。ゴリラが当たるんですか？

田中　ゴリラのぬいぐるみが当たったんですよ。チョコの包み紙5枚だったかな、集めて送ると。

有野　ぜんぜん知らないです。

田中　ま、いいや。それと牛乳です。2人分で180㎖ぐらいのたっぷりな牛乳に、板チョコ2枚ぐらい。

有野　ゴリラの2枚ね（笑）。わっ、おいしい。でも、これ、彼の年齢がうんと上やったら、また違う感じになるんでしょうかね。30代の彼だったらどうします、このソースの味つけ？

妄想12

初めての夜のメインディッシュとデザート

田中　30代だったら、お酒の入ってるソースとか、ブルーチーズが添えてあるとか。

有野　お酒？　へぇ、40代ならどうします？

田中　焼酎！（笑）

田中　ハハハハ。あれ、シュー全部食べちゃったんですか？

有野　食べちゃいましたね（笑）。おいしかったですね。うまいこと作るなぁ。色はやっぱ、つねに3色入るんすか。黄色、緑、赤と。うちの子の学校のお弁当は、常にその3色を入れないとあかんみたいで、タマゴ焼きとブロッコリーとプチトマトみたいな。

田中　娘さんの小学校？　学校から3色入れるように言われるんですか？

有野　子どもの小学校のお弁当には「3色は必ず入れてくださいね」って。だからうちの子が好きなオムそばにも、ブロッコリーとプチトマトは入ってる。

田中　へぇ、そうなんだ。

有野　シェフは5色の彩りがいいってさっき言ってたから、あと2色はなんやろなって考えてたんですよ。

田中　赤でも2色あっていいんですよ。人参の赤と、トマトの赤。緑色ならキャベツのせん切りと、パセリとかでも。

有野　なるほどね。でも、すごい20歳の女子が現われたな。テレビで〝歌うま王〟みたいな番組やってるの観たことあります？

田中　観たことはないけど知ってます。

有野　『料理うまい王』って番組ができたら、このお姉ちゃん絶対出られるのに。

田中　本当ですか？　テレビに出られますか？

有野　あ、違うか。このお姉ちゃんは僕らの妄想や。本当はいないねん。そうか。妄想なんや。

田中　僕でよければ……。

有野　今度プロデューサーに売り込んどきます（笑）。

妄想13

その夜、私の部屋に彼は泊まった。その翌朝…

幸せ気分上乗せ朝食

妄想トーク

そんな特別な朝に、前日の残り物をアレンジ？

田中　ねぇ、今日は泊まる？（笑）

有野　料理おいしかったし、泊まっちゃおうかなぁ（笑）。

田中　わぁ、うれしい（笑）。

有野　というわけで、今夜は泊まります。で、彼が泊まった翌朝のご飯が次のお題です。

田中　ご飯がいいですか？

有野　パンのほうがいいですかね？

田中　20歳の若いふたりだから、パンだと思ってました。

有野　ご飯でもパンでも、どっちでも。ゆうべの残りとかでもできますか？

田中　晩ご飯の残りで作るんですか？　そりゃできますけど……記念日に？

有野　「よく見たらきのうのアレじゃないの？」みたいな。でも、それを「残り物やん」って思い出さないような料理ってできないですか？

田中　できません。

有野　即答や（笑）。

田中　だって、そんな特別な朝に、ゆうべの材料を細かくみじん切りにして離乳食みたくしたんじゃ、おいしくないでしょ（笑）。

有野　離乳食みたいになるんや（笑）。

田中　調理法は焼く、煮る、蒸すぐらいしかないですからね。

有野　朝からけっこう食べますよ。

田中　えっ？　けっこうがっつり食べる？

有野　軽く、のほうがいいですか？

田中　女性んちに泊まった朝、有野さんはたくさん食べました？（笑）

有野　女性んちに泊まったことなんて、今のかみさんちしかないですよ。

田中　あれっ、そうなんですか。

有野　女性んちに泊まるって、僕しなかったから（笑）。

田中　はぁ。

有野　『文春』が怖かったから（笑）。それは嘘ですけど。写メもまだない時代でしたね（笑）。

田中　え、いくつの時からこの世界でお仕事してるんですか？

有野　18です。僕からしたら、弱冠20歳で男が泊まりにくる女子って、何たる事かって!?　思います。

田中　若干怒ってるんだ（笑）。

有野　朝、部屋に彼女の親父さんを登場させますか？　ウフフ。ややこしい話になってくるなぁ（笑）。親父と一緒に3人でご飯とかって、気まずいやろなぁ。

田中　「ベランダに隠れて」って言われます。「とりあえず靴とズボン持ってベランダに出て」って（笑）。

妄想13

幸せ気分 上乗せ朝食

有野　なんかシェフ、経験あるみたいやなぁ。
田中　ないですよ（笑）。では、3人でお食事するんですね、今朝は。
有野　いや、親父さんはすぐどっか出かけて行くんです。察したのかなぁ。ベランダあたりの気配で。
田中　あ、バレちゃってた（笑）。
有野　そんななりゆきで、あっさりめの、ふたりの朝ご飯。
田中　ご飯ですね。鮭の焼いたのとか？
有野　ん～、でもやっぱり前の晩の残り物を使ってほしいな。
田中　残り物にこだわりますね（笑）。わかりました。離乳食じゃないように。
有野　あぁ、だったらやはりパンにしましょう、軽く。残り物使って、パンでいけますか？
田中　わかりました。
有野　もう頭ん中でできてるんですか？
田中　なんとなく（笑）。前の晩のこれとこれをメインに使うとばれるんで、メインに使わないほうがいいな、とは考えてるんですけどね。でもバレちゃうしな（笑）。
有野　アハハ。親父さんにもバレてますから、いいんじゃないですか。じゃあお願いします。
田中　はい。作ってきます。
有野　よろしくお願いします。あれ、シェフ、メモ用紙忘れてますよ。何をメモしてるんやと思ったら、「朝」としか書いてへんやん（笑）。

冷製カップサラダとタマゴトースト

カップの中で作るサラダに、フライパンの上だけで作るエッグトーストで、手軽に作れて、洗い物も少ない朝向きのメニューです。

材料

食パン（6枚切り）…1枚	こしょう…適量
全卵…1個	砂糖…2つまみ
エビ…2尾	チェリートマト…2個
芽キャベツ（冷凍）…2個	レモンスライス…1/2枚
サニーレタス…2枚	ハチミツ…適量
マヨネーズ…30g	リンゴジャム…適量
塩…適量	バター…適量

作り方

1 カップサラダを作る。エビは少しの塩で茹でてぶつ切りにする。芽キャベツは茹でて半分に切る。サニーレタスは1cm角に切る。チェリートマトは横に半分に切ってから十字に切る。
2 カップに1を入れ、マヨネーズ、塩、こしょう、砂糖を合わせて混ぜる。レモンを添える。
3 エッグトーストを作る。パンをトースターでトーストする。フライパンに油大さじ1（分量外）を熱して、卵を割り落とす。割り落としたら、すぐに卵を箸でほぐす。
4 卵の上にトーストしたパンをのせ、パンをまわして卵をパンに密着させる。卵に火が通ったら、ひっくり返して皿に盛る。
5 バター、リンゴジャム、ハチミツを添える。

実食トーク

広島焼きのテクニックで、タマゴトーストを！

田中　おはようございます（笑）。

有野　おはよう（笑）。

田中　サラダとタマゴパンです。それと、タマゴパンにつけるリンゴのジャム、ハチミツ、バターをご用意しました。

有野　タマゴにハチミツですか？　えっ、うそー。

田中　フレンチトーストってタマゴに砂糖じゃないですか。

有野　まずは食べてみますね。あ、うまいうまい。ふーん。んんっ！　もっと甘ったるいんかと思ってました。そうか。あっ、うまい。これ、きのうの？　うわ、ぜんぜんわからへん。うん。

田中　いい感じでしょ、のっけてもいいし。

有野　こうして？　うわぁ、シャレた感じになる。

田中　正直言って僕、この料理でちょっとこだわったことがありまして。

有野　え、なんだ？

田中　これ、有野さんとお話したから出てきた発想だったりもするし、でもよく考えると広島のテクニックだったりもするし。

有野　こだわったところ？　広島のテクニック？　この黄身と白身を混ぜ切らない感じですか？

田中　惜しい。パンとタマゴがちゃんとくっついてますよね？

有野　あ、ホンマや。パンをひっくり返してもタマゴは落ちない。

田中　これね、広島焼きのテクニック使ったんです。お店では、先に鉄板の上でタマゴ割って、焼けたお好み焼きをポンってのせますよね？

有野　タマゴを焼いてからパンの上にのせたんじゃないんですね。

田中　そうすると、フライパン1つでタマゴパン3枚でも4枚でもすぐできちゃう。

有野　そうか。トースターもいらんねや。

田中　パンだけは焼いたほうがいいです。トー

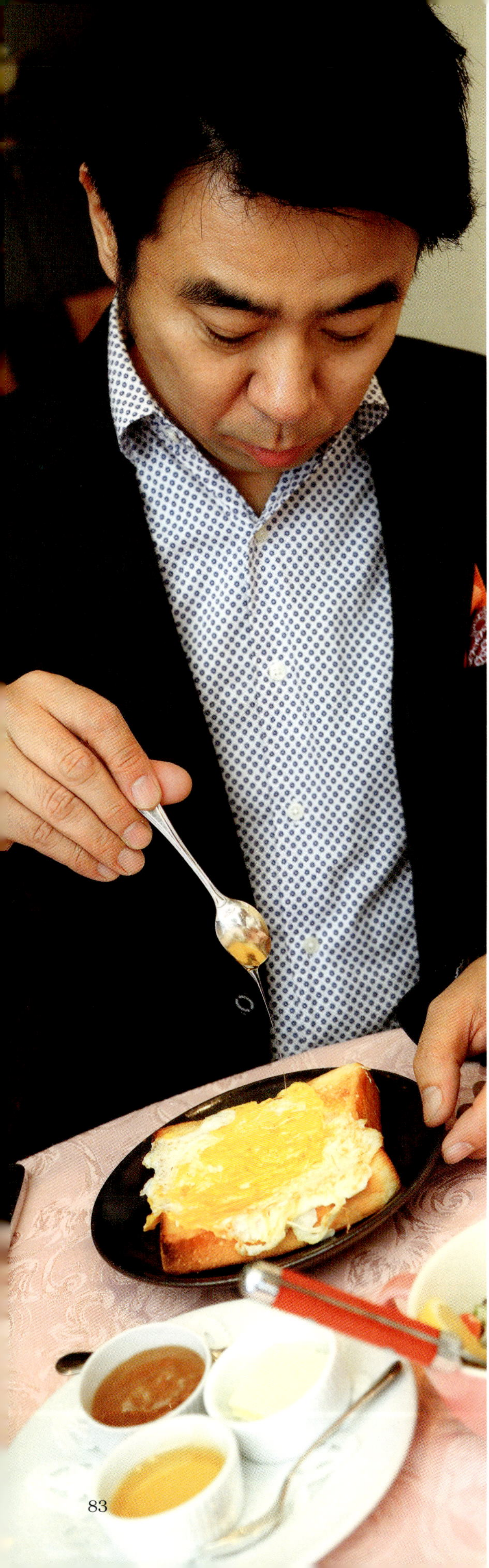

妄想13 幸せ気分上乗せ朝食

スターで。1回焼いた方が、つきがいいですよ。

有野　よかった。このトースト見て〝シェフどうしたんやろ、タマゴがはみ出したりしてて、できが悪いけど〟って、実は心配してたんです。〝シェフ、タマゴの料理がヘタやなぁ〟って（笑）。

田中　パン、やっぱはみ出しちゃった。うん、で、ちょこちょこってタマゴをパンのサイズに合わせて。

有野　手で？

田中　箸で。じかに手で触ると……熱い（笑）。

有野　シェフでも、手やと熱いんや（笑）。どこで思いつくんですか？　このお姉ちゃんの料理（笑）。

田中　やっぱりその人になりきるといろんな料理が浮かびますよ（笑）。

有野　そうかぁ、いつものシェフのテクニクじゃなくて。20歳の子には、この技術はないかなって、じゃどう工夫するかなぁって感じですか？

田中　そうですそうです。ここまでの仕事は知らないだろうなぁ、と。

有野　彼女はプロじゃないですからね。

田中　単にきれいなだけでも、新しい味は生まれてこないし。

有野　そうか。なかなかやりますね。でも、メモには「朝」一文字だけだったんですけどね（笑）。

有野　このお姉ちゃんとも、もう長いお付き合いだし（笑）。付き合ってる彼が、鳥人間コンテストに出たことも知ってるくらいだから。

田中　親戚の子とかという感じより、僕もうこのお姉ちゃんになっちゃってる。

有野　そうでしたね（笑）。

有野　そうかぁ、シェフはこのお姉ちゃんになっちゃった。僕のイメージでは、20歳で細身のきれいな女の子やったんやけどなぁ。

田中　えっ細身？汗出てきちゃった（笑）。

妄想 14

とうとう結婚しました。
彼の記憶に残したい初めての食卓

結婚して初めての、記憶に残る料理

妄想トーク

お姉ちゃんの帰宅時間は？そんなの料理に関係あります？

有野　朝食にタマゴトーストを食べたふたりは4年後、結婚しました。

田中　よかった。僕も頑張った甲斐がありました（笑）。僕らのお姉ちゃん、おめでとう。

有野　「まだ早いんじゃない？」とか言われながら、24歳でめでたく結ばれました。4年前の朝。親父さんが来ましたよね。

田中　タマゴトーストの朝ですね。もう4年も前。月日が過ぎるのは早いですね。彼はベランダに隠れたんですよね（笑）。親父さんは気づかずにすぐに出かけて行ったんじゃなかったですか。

有野　でも、気配は察してたんですよ。ベランダが怪しいって（笑）。

田中　で、親父さん、部屋に戻って来ちゃった？

有野　「誰だ、こいつは」って。

田中　おお、すごく怖い妄想です（笑）。タマゴトースト食べてる最中に？

有野　いえ、食べ終えて片づけしてる時（笑）。

田中　親父さん、何か怪しいとは思っていたんですね。

有野　ベランダあたりがね（笑）。

田中　いろいろ考えて、あえてゆっくり戻っ

7：00～16：00
働きすぎでは？

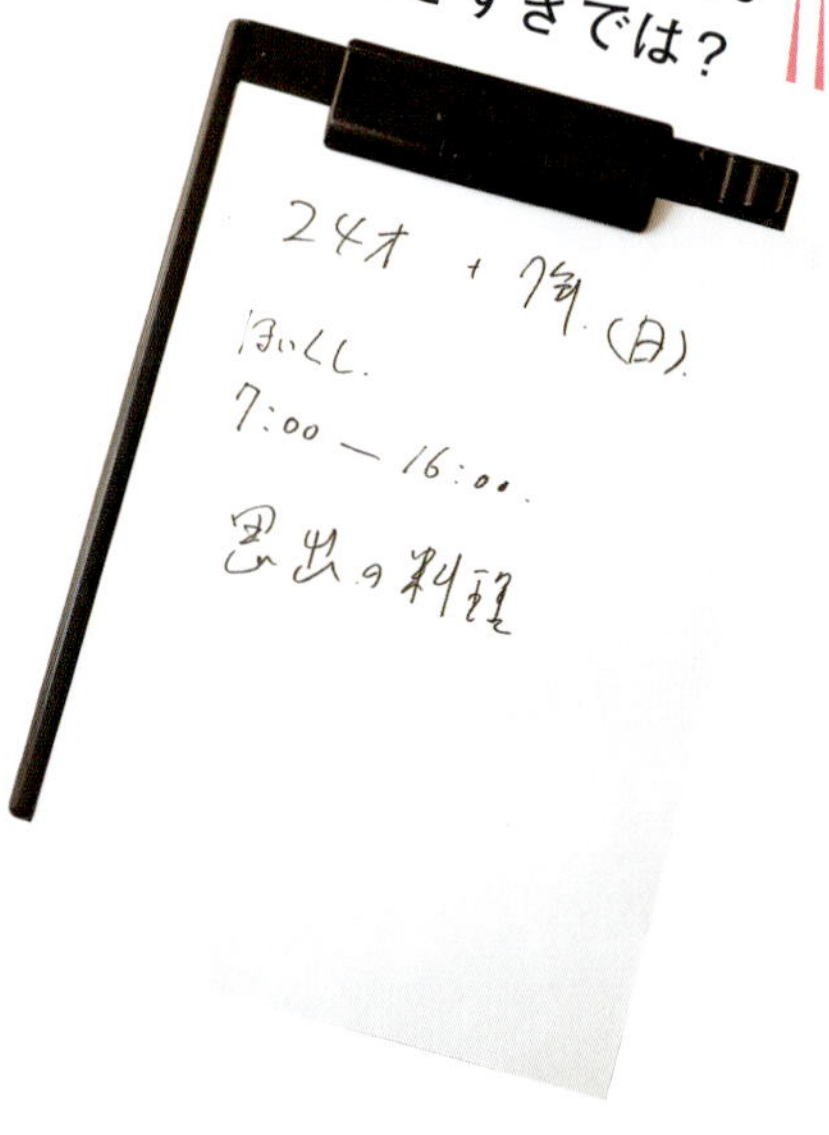

有野　て来たのかな。どうなるんです、この後？
田中　シェフ、料理より力が入ってません？
有野　そんなことないです（笑）。
田中　ともかくふたりは、親父さんに言い訳をするんですが。始めは話を聞いてもらえません。
有野　それはそうでしょうね。
田中　でも、彼は「結婚を考えてます」って宣言するんですね。
有野　え、ふたりともまだ20歳ですよね。
田中　そう、まだ早い！　そこで、親父さんは「4年きちんとつき合うことができたら結婚を許す」と言うんです。
有野　おぉ、ドラマみたいな展開です。でも親父さん、なんで4年なんですか（笑）。
田中　「一時の熱だけで行動しちゃダメだよ」ということでしょうかね。「4年ちゃんと好きでいられるなら本物だ」って（笑）。
有野　立派なお父さんです。たしかふたりは高2の時に知り合いましたよね？
田中　そうですね。
有野　結婚したんだぁ。なんか、いい話のような重たいような（笑）。「ひと口どうぞ」のお弁当から7年たつんだ。ホントに結婚したんですねぇ（笑）。

有野　感慨深いですね。で、ふたりは共働きです。
田中　現実は厳しい（笑）。お姉ちゃん……いや、もう奥さんですけど、彼女は何の仕事してるんですか？
有野　うーん……と、そうですねぇ……。
田中　もしかして、考えてなかった？（笑）
有野　先生！　幼稚園の先生です、大変ですよ、朝早いし。7時出勤ですもん。

田中　子どもの朝ってそんなに早いんですか？

有野　えーとね「娘、今日は休ませます」って僕が幼稚園に電話するのは8時前ですから。

田中　幼稚園に電話することもあるんですか、有野さん？

有野　「熱が出たからちょっと休ませます」って。

田中　そうなんだ。じゃ、先生は7時から何時まで仕事するんだろ？

有野　お迎えは午後2時なんすよ。年少は1時で、年中とかは2時過ぎとかなんすよね。だから、後片づけやなんやかやで、先生が帰るのは早くて4時かな。

田中　4時過ぎちゃうと労働基準法違反ですよ。休憩入れて9時間ですから。

有野　細かいな。料理に関係あります、それ？

田中　帰る時間が早いとスーパーはまだ特売してなくて、安いの買えません（笑）。

有野　そうか。

初めての晩ごはんは、弟も一緒にですか？

有野　今回は、新婚初めての夜ごはんなんです。思い出に残る料理を作ろうって、前々から考えてるかもしれませんね。

田中　7年付き合って、ふたりともお互いのことわかってますよね。

有野　はしゃいでる感はないってことですか？　この日、新居に引っ越しですから、先に床掃除をしておいて、ここをこうして、あそこをこうして……。

田中　え？　これ引っ越しが終わった日の夜の料理？

有野　はい、そうですよ（笑）。

田中　幼稚園は？

有野　日曜日です。

田中　なんだ（笑）。

有野　僕、引っ越しのバイトしたことあるんですけどね。多い日は3回転やるんですよ、引っ越し。

田中　1日に3回も？

有野　そう。1便目の引っ越しって午後2時ぐらいに終わるんですよ。今回は1便目やったから、2時ぐらいに終わってるのかな。おまかせパックとかは料金が高いので、自分たちで開封作業をします。

田中　ああ、まだ若いですからね（笑）。

有野　引っ越し屋さんには荷物を運んでもらうだけで、あとは自分で荷ほどきして、晩ごはんはそれから。

妄想14

結婚して初めての、記憶に残る料理

田中　それは大変だ。

有野　しかも、弟が手伝いに来てます。そのまま弟も、晩ごはん一緒に食べるかもしんないですね。

田中　えっ、ここで登場するの、弟？

有野　アハハハ。今、急に流れが変わりました。ふたりの記憶に残る思い出の料理やったのが、弟手伝いに来て、一緒にごはん食べることになりました（笑）。

田中　まさか泊まらないですよね？

有野　5歳下の弟は、ごはん食べ終わったら帰します（笑）。

田中　弟、19歳か!?　よし、わかりました！

有野　えっ？　メニューできたの？

田中　はい、弟が来るってことで、パッと浮かびました。

有野　弟で話がぎゅって変わったけど（笑）。弟、手伝いに来させない方がよかったかな。

田中　いやいやいや（笑）。

有野　シェフは、奥さんが初めて作った料理って覚えてますか？

田中　最初に何を作ってくれたかは覚えてないですけど、最初に感激した料理は覚えてます。

有野　なんすか？

田中　ピーマンと大葉の炒め物。ピーマンと大葉を細かく切って、炒めて、でそれを甘醤油で煮てさらに炒める。

有野　肉は、なしですか？

田中　はい。それがまたごはんに合うんです。東北の人だから、味濃いんですよね。

有野　へえー。僕が初めて作ってもらったのは、ホタテと筍の炊き込みご飯だったと思います。かみさんが「乾燥したホタテは1日水に浸けて戻すんよ」みたいなことを言ってたと思うなぁ。

田中　ホタテ好きですよね、女の人。

有野　そうなんですかね。今回の料理には入りますか、ホタテ？

田中　入れないです。

有野　入れないんですか。

田中　いや、入れてもいいですよ。でも。今までの話の流れだと入らないかな。入れるとしたら……。

有野　アハハ。無理に入れなくていいです。

田中　はい。ではパパッと作ってきます。

有野　楽しみに待ってます。弟が手伝いに来ない方が、お姉ちゃんは何を作ったらええか悩んでおもしろかったかなぁ。なんかシェフ、弟と聞いて突然閃きはったもんなぁ（笑）。

妄想⑭

結婚して初めての、記憶に残る料理

ブリの照り焼きとアボカドのソテー　黒豆ごはんとワカメの味噌汁　鶏唐揚げ添え

手間がかかりそうな黒豆ごはんは市販品を上手に活用。作り方が難しそうなブリの照り焼きは魚焼きグリルを活用して上手にふっくら焼きました。

ブリの照り焼きとアボカドのソテー

材料

ブリ（切り身）…2切れ
アボカド（スライス）…2切れ
醤油…50mℓ
みりん…50mℓ
サラダ油…適量
大根おろし…30g
醤油（大根おろし用）…少々
柚子こしょう…少々
あられ…少々
大葉…2枚

作り方

1 ブリは食べやすい大きさに切り、醤油、みりんに漬けて30分ほどおく。
2 フライパンに油を引いて弱火にかけ、1のブリを焼く。焼き目が付いたら返す。返したら魚焼き用のグリルに移して焼く。
3 アボカドは固めのものを選び、1.5cmほどの厚みに切る。ブリを焼いたフライパンで焼き、焼き目が付いたら返し、返したら魚焼き用グリルに移して焼く。
4 皿に大葉をしいて、焼いたブリとアボカドを盛り付ける。
5 大根おろしを醤油、柚子こしょうで味付けし、あられを飾ったものを添える。

鶏唐揚げ

材料

鶏モモ肉…2枚
ニンニク（おろし）…1カケ
生姜（おろし）…15g
醤油…50mℓ
日本酒…20mℓ
みりん…30mℓ
コーンスターチ…適量
パセリ（みじん切り）…適量
サニーレタス…適量
トマト…適量
レモン…適量

作り方

1 鶏肉はぶつ切りにする。ニンニク生姜、醤油、日本酒、みりんを合わせて、切った鶏肉を合わせてもむ。
2 コーンスターチ、パセリのみじん切りを加えてもむ。
3 油を180℃に熱して、2にコーンスターチをまぶして揚げていく。
4 サニーレタスをしいた皿に盛り付け、串切りレモン、輪切りトマトを飾る。

黒豆ご飯

材料

黒豆（市販の煮豆）…適量
ごはん…適量

作り方

1 黒豆の煮豆は、容器が出して汁を切る。
2 温かいごはんに、黒豆を合わせ、黒豆をつぶさないように注意して混ぜる。

実食トーク

お姉ちゃんが高校生のときから、変わらない味だ！

有野　おっ、きた。
田中　出世魚のブリです。
有野　いただきまーす。まずは豆ごはん。そして、わっ、魚、分厚いな。うわっ、うまいっす。照り焼きですね？
田中　醤油、みりん、砂糖です。それに、おろしと、柚子こしょう、チューブのね。
有野　ああ、柚子こしょう、ちょっと辛い。へぇ、これはアボカドや。
田中　かたいアボカド買っちゃったんですけどね。バターで焼くとやわらかくなっておいしいんですよ。
有野　ホンマや。やわらかい。
田中　ねっとりしたやわらかさじゃなくて、ホクホクのやわらかさでしょ。かたいアボカドに火を入れるとこうなるんですよ。
有野　ちょっと苦味があって、ブリに合います。あれ、これ何ですか？
田中　弟が来ちゃったから。
有野　あ、唐揚げ。出たっ（笑）。
田中　そう、コーンスターチを醤油に漬け込んだんですよ。一緒に入れて。
有野　学生の時にバイトして発見したコーンスターチですよね（笑）。
田中　いちばん初めの「くり抜き大根おろし」の時には、甘辛醤油によく漬け込んだ鶏肉を、コンスターチで揚げたの。今日は引っ越しで時間がなかったから（笑）、コンスターチを練って。
有野　タレと一緒に？
田中　はい。そうするとねっとり感が出てくる。
有野　うん。ごはんに合う。
田中　どうです？　あのお姉ちゃんの味でしょ（笑）。
有野　あははははは。そうですね。高校の時から、ぜんぜん変わらへん。お姉ちゃんの唐揚げって感じですね。
田中　懐かしいですね（笑）。
有野　「あの時、急に友達連れてきて、もう大変やったのよお」みたいなこと言われたりするんでしょうね。会ったことないけど、ほんとに懐かしいですね（笑）。
田中　ハハハハ。
有野　で、黒豆？　うわっ！　唐揚げに合いますね。
田中　炊いたごはんに、コンビニで買ってきた黒豆。おつゆと一緒にごはんに混ぜただけ。
有野　炊き込みごはんじゃないんですか？
田中　炊いちゃうと、ごはんが黒くなっちゃう。それに、これなら簡単でしょ。家もまだ片づいてないし。

今回の唐揚げにも、お姉ちゃんのアレンジが

有野　田中シェフって、外食するんですか？
田中　なんですか、突然（笑）。しますよ。大好きです。
有野　お店に入って、思ってたよりおいしくないな、って感じたらどうします？　それでも最後まで食べる？
田中　3回行きます。
有野　えっ？
田中　僕は3回行かないとそのお店のことはわかんないです。たまたま厨房を仕切るシェフがどっか行っちゃって、いなかったかもしれないし。
有野　で、3回行くんですか？
田中　3回行けばだいたいわかります。でもそうは言っても、1回で〝もういいわ〟ってお店もありますけどね、正直言うと。
有野　アハハ、そうでしょうね。

妄想⑭ 結婚して初めての、記憶に残る料理

田中　楽しくお食事できれば最高ですね。おいしければ、なんでもいいですよ。どこのワインだとかウンチク聞いてても楽しくないでしょ。安くてもおいしければいいんです。

有野　ふーん。

田中　酸が強いなと思ったら、氷入れちゃえばいいんです。そうすると戻るんで。

有野　え、ワインに氷入れるんすか!? そんなのソムリエとか教えてくれないでしょ。

田中　そうですね。あんまり氷入れるの好きじゃないって人もいますし。でも、僕はそれをフランス人に教えてもらったんですよ。夏の暑い日にチーズとか油もん食べた時、赤ワインを水割りにして飲むと、口の中に油が残んないし、けっこう水分も取れるよ、って。

有野　ほぅ、ワインって割るもんじゃないって思ってました。

田中　割れます。フランス人ふつうに割ります。

有野　へぇ、知らんこといっぱいありますね。おもしろいですね。でも、ここんち、たびたび弟出てきますね（笑）。

田中　そうですね。弟が来たら、唐揚げ（笑）。

有野　でも唐揚げってそんなにバリエーションないでしょ？

田中　ええ、でも今回もパセリのみじん切りが入ってるんですよ。唐揚げの中に。お姉ちゃんのレシピですね（笑）。

有野　お姉ちゃんに会ってみたいなぁ。今や奥さんですけど。

田中　すっごいまじめな人だと思いますね。

有野　まじめで熱心な感じですね（笑）。で、外見も考えてしまうんですけど、どうしてもセミロングの田中さんしか、浮かんで来ないんですよね（笑）。

田中　セミロングの僕？

有野　そうです。困りました（笑）。彼女のイメージは誰かな。まだ24歳やからなぁ。北川景子……でもないねんなぁ。どっちかいうたらAKB48にいそうな、ちょっと鈍臭そうな感じもあるねんな。

田中　髪の毛、後ろで縛ってるんでしょ。

有野　あかん、田中さんしか浮かばへん（笑）。

妄想15 16 17

奥さんになって作る、旦那さんへのお弁当 新婚 3年目 7年目 のお弁当変遷

妄想トーク

有野　前回、あのお姉ちゃんが、奥さんになって初めて料理を作った訳ですが、今度はお弁当を作って欲しいな、と。

田中　お弁当ですか。

有野　はい。でも普通のお弁当ではなく(笑)。

田中　普通じゃないお弁当?どんな?

有野　いや、お弁当は普通なんですけど(笑)。言い方を変えますね。奥さんになって初めて作るお弁当から、ベテランの奥さんになって作る弁当まで、いくつか見てみたいな、と。

田中　お弁当の成長みたいなことですか。

有野　そうですね。きっといろいろ違うんだろうなって、思うんですよね。

田中　なんせ、奥さんはあのお姉ちゃんですからね。お弁当もどんどん成長しますよ(笑)。

有野　まず1つ、新婚の時のお弁当を見たい。

田中　じゃ、2つ目は3年目あたりで。3つ目は7年目でしょうかね(笑)。

有野　なんかどこかで聞いた歌みたいですが(笑)。お願いできますか。

田中　はい。あのお姉ちゃんのことはお任せ下さい。

妄想15

新婚生活スタート。共働きの夫婦の 新婚弁当

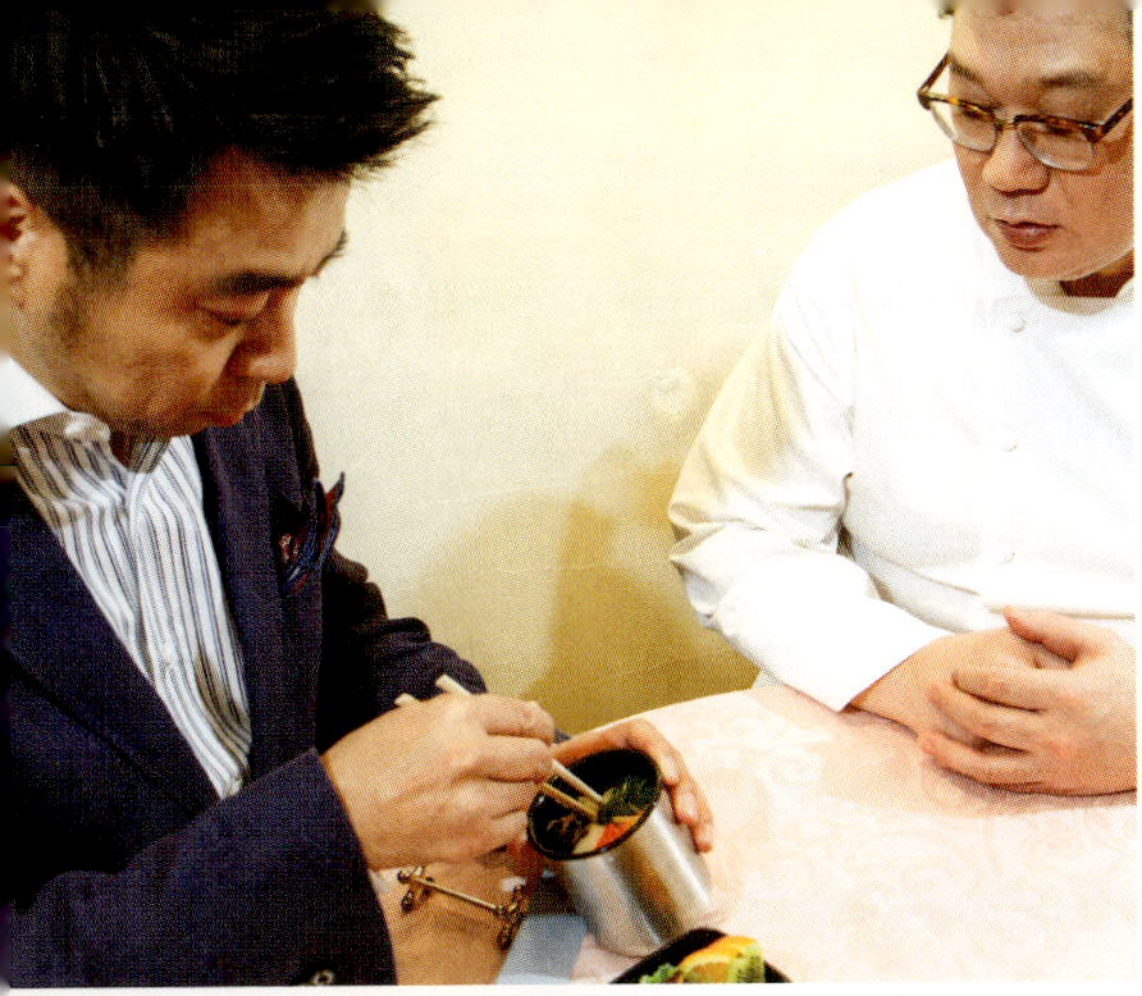

実食トーク

新婚のときのお弁当は、栄養バランスがいい！

田中　お待たせしました。

有野　おーっ。これは早起きしないと作れませんね。あ、これはなんですか？

田中　大根と赤ピーマン、豆もやしの酢の物と、人参はちょっと茹でてゴマ和え、ほうれん草もさっと茹でて醤油と砂糖をちょっと。あと、ひじきです。

有野　何時起きですか、奥さんになったお姉ちゃん。5時ぐらいに起きて作ってんのかな。

田中　ええ、ほとんど寝てないです。

有野　新婚ですもんね。夜はいらんことするし、ほとんど寝ずに（笑）。でも、早起きはいつまで続くか……。

田中　今、有野さんがお箸でつまんだおかず、おもしろいでしょ。

有野　鶏肉ですね。あ、辛めです。

田中　ゴマとラー油でバンバンジーです。実はこれ冷凍の焼き鳥なんです。これをレンジで温めて、ゴマドレッシングかけて、ラー油かけて混ぜただけです。

有野　簡単でいいですね。それに、見た目、ちゃんと3色ありますね。

田中　アスパラは塩茹でしただけです。ほかの味が濃いんで。

有野　デザートもありますね。オレンジとイチゴ。イチゴがお弁当に入るのは、新婚の時だけやろなぁ。来年からイチゴはないんでしょうね。

田中　ないですねぇ（笑）。

有野　フルーツからなくなっていくのかな。悲しいけどね。

田中　奥さまは、ご主人の健康管理を考えて野菜も肉もフルーツも、バランスよく入れたお弁当を、最初は作っているんです。

有野　最初はね（笑）。でも、奥さんも働いていますからね。共働きです。このお姉ちゃんは頑張り屋だから、奥さんになっても「子供できるまでは、私も働く」みたいな感じなんですね。自分のお弁当はどんなですかね。

田中　おそろいのお弁当箱ですよ。朝早く起きて2人分作ってるんです。

有野　この鶏肉はホントおいしいですね。

田中　味つけは何もしてません。ゴマドレッシングはたっぷりかけてもいいですよ。ラー油はお好みの量で。

有野　今日も2人は、同じお弁当を食べてるんですね。旦那さんのほうの鶏肉には、多めにラー油がかかってたりするんでしょうか（笑）。まだまだホットです。

エビのピカタとバンバンジーと野菜ご飯のお弁当

ごはんもおかずも、彩り豊かで作った人の愛情がビシバシと伝わってくるようです。バンバンジーは、市販の焼き鳥パックと市販のドレッシングで作る超簡単スピード料理です。

バンバンジー

材 料

焼き鳥パック（冷凍）…1袋
ゴマだれドレッシング（市販）…大さじ2
ラー油…少々

作り方

1 冷凍の焼き鳥パックを電子レンジで温める。
2 袋を開けて、ゴマだれドレッシングとラー油を入れて袋の中で混ぜる。（お弁当では、この中の3個を使用）

野菜ご飯

材 料

ご飯…適量
人参（3cmのせん切り）…30g
大根（3cmのせん切り）…30g
赤ピーマン（3cmのせん切り）…30g
豆もやし…30g
ほうれん草おひたし（冷凍品）…30g
ひじき煮物（市販）…30g
炒りごま…少々
甘酢（酢100g＋砂糖30g）…130g

作り方

1 人参、大根、赤ピーマンはせん切りにする。豆もやしは塩茹でする。
2 バットに1の人参、大根、赤ピーマン、豆もやしを並べ、甘酢をかけて浸しておく。
3 甘酢で漬けた2をペーパータオルの上に取って水気を取る。
4 ご飯を弁当箱に詰め、上に3とひじきの煮物、解凍したほうれん草のおひたしを並べてのせる。炒りごまをふる。

エビのピカタ

材 料

エビ…2本
サラダ油…適量
全卵…3個
パン粉（ドライ）…70g
牛乳…140mℓ
パルメザンチーズ…30g
塩…少々
こしょう…少々
パセリ（みじん切り）…少々

作り方

1 エビは、少しの塩と酢（分量外）で茹でて皮をむく。
2 卵をほぐして、パン粉、牛乳、チーズ、塩、こしょう、パセリを合わせて衣を作る。
3 フライパンに油を引いて弱火で熱する。エビに衣をつけてフライパンにのせる。そのエビの上から衣をかけ、直径6～7cmの大きさにして焼く。途中で中火にし、ひっくり返す。
4 返したら弱火にし、生地に火を通す。このピカタを2個焼く。

弁当の付け合わせと飾り

トウモロコシ（茹でる）
グリーンアスパラガス（塩茹で）
チェリートマト
オレンジ
キウイ
イチゴ
パセリ

妄想15 お弁当変遷 新婚弁当

妄想16

旦那さんは働き盛り
3年目弁当

実食トーク

塩分控えめで、まだ、手間かけて作ってますね

田中　次は、3年目のお弁当です。

有野　わっ、炭水化物多い！（笑）あ、でも関西の人間なら、これくらいいけますよ。ごはんがついてくる焼きそば定食、お好み焼定食は普通ですから（笑）。

田中　ご主人もだんだん太ってきて。お弁当箱はこのサイズになったんです（笑）。

有野　そうかぁ。デスクワークではなくなったんや。現場に出ることになったんかぁ。でも、それだとこれではごはん少ないのかなぁ。その分、スパゲティがあるからいいのか。そういえば、建築関係とか道路工事の人で、最近お弁当持ってきてる人少なくないですか。

田中　え、道路工事とかのお仕事やってるんですか、このご主人。

有野　このご主人のことではないんですけど。軽トラの前でコンビニ弁当とカップ麺食べてる人多いですよ。

田中　愛妻弁当じゃなくて？

有野　カップ麺はだいたい大盛りなんですけどね（笑）。このパスタの上にのってるのは、なんですか。

田中　温泉タマゴです。つぶしてスパゲッティに混ぜると、カルボナーラ風になります。実はこれも、塩・こしょうしないで作っているんです。

有野　塩控えめですか？　あ、うまい！

田中　クリームシチューの素を使ったんです。挽き肉と玉ねぎを炒めて、水とクリームシチューの素を加えて、ちょっとト

（P100に続く）

サバのエスカベッシュと
甘辛ピーマンご飯
クリームミートソースパスタ
温泉タマゴ添え

サバの文化干しのエスカベッシュ

材料

サバの文化干し…1枚
玉ねぎ（スライス）…60g
人参（3㎝のせん切り）…60g
サラダ油…100㎖
赤ワインヴィネガー…大さじ2
砂糖…3つまみ
ニンニク（スライス）…2枚
水…大さじ2
塩…適量
こしょう…適量
赤こしょう…少々
レモン（串切り）…適量
パセリ…適量
揚げ油（サラダ油）…適量
薄力粉…適量

作り方

1 サバの文化干しは、骨を取り、横に4つに切る。切ったものを縦に2～2.5㎝幅に切る。
2 小麦粉を1にまぶして、180℃の油で揚げる。
3 サラダ油、赤ワインヴィネガー、砂糖、ニンニク、水、塩、こしょうを鍋で沸かす。
4 ボウルに揚げたサバの文化干し、玉ねぎ、人参を入れ、沸かした2をかけて冷まし、冷蔵庫で1日おく。
5 盛り付けて、レモン、パセリ、赤こしょうを飾る。

甘辛ピーマン

材料

ピーマン…2個
サラダ油…少々
水…少々
醤油…大さじ2
砂糖…2つまみ

作り方

1 ピーマンは、縦半分に切ってタネを取り、横に薄切りにする。
2 フライパンに油を熱し、しんなりするまでピーマンを炒めたら、醤油、砂糖、水を加えて煮る。

妄想16

お弁当変遷 3年目弁当

エスカベッシュをサバの文化干しで作って、ご飯に合うおかずにしました。パスタを合わせてボリューム満点。パスタは冷めても固まらず、冷めてもおいしいよう、ホワイトソースのミートソースと温泉タマゴの組み合わせました。

クリームミートソース

材料

合い挽き肉…100g
玉ねぎ（みじん切り）…60g
サラダ油…大さじ2
生クリーム…50㎖
水…250㎖
クリームシチューの素…130g
トマトペースト…20g
塩…適量
こしょう…適量

作り方

1 フライパンに油を熱して、玉ねぎを炒める。
2 玉ねぎが炒まったら、合い挽き肉を加えて炒める。
3 肉に火が通ったら、水を入れる。沸いたらクリームシチューの素を入れて一旦、火を止め、クリームシチューの素をしっかり溶かす。
4 シチューの素が溶けたら火をつけて、トマトペーストを加える。
5 沸いてとろみがついたら生クリームを入れて火を止める。味見をして、塩・こしょうで味を調える。

クリームミートソースパスタ 温泉タマゴ添え

材料

パスタ（乾麺）…50g
チェリートマト…2個
パセリ…適量
温泉卵（市販）…1個
クリームミートソース※…適量

作り方

1 パスタを茹でる。
2 弁当箱にパスタを入れ、中央をくぼませる。
3 クリームミートソースをかけ、くぼみのところに温泉卵を落とす。
4 縦に1/6に切ったちょりートマトとパセリを飾る。

妄想16 お弁当変遷 3年目弁当

マトペースト入れただけで作りました。生クリームもちょっと入ってます。

有野　その〝ちょっと〟がいいですね。3年目もまだ手間かけてますやん。この酢の物もいいですね。

田中　エスカベッシュです。サバの文化干しを使いました。味がついてますから、これも塩・こしょうしてません。

有野　この横のは?

田中　ピーマンの佃煮です。ごはんに合うように甘じょっぱくしました。

有野　まだ、この夫婦に子供はいないんですか。

田中　どうなんでしょう、まだ3か月か4か月の女の子がいるんじゃないですか。

有野　そうか。まだ幼稚園入ってないから、いいか。幼稚園入ったら、ピーマン食べると「うえー」って言いますよ。パプリカでも「うえー」って言います。パプリカは甘くても、ピーマンの形だっていうだけで「うえー」って（笑）。

田中　なんで子供はピーマン嫌いなんでしょうね。

有野　本能的に苦みを察知するんですよ。たぶん大人より敏感なんですね。こしょうの味にも敏感ですよ。ちょっと入れても小学4年生の次女は「うえー」って言って、水ガーって飲みますよ。子供って、好き嫌いがその時々でも変わるんですよね。今は長女も次女も、ピーマンは食べられるようになりましたけど。ゴーヤはまだダメですね（笑）。

田中　有野さんは子供のころ嫌いだった食べ物ありますか。僕は奈良漬けがダメでした。

有野　漬物といえば、濃い色のたくあんが子供のころ苦手でしたね。レモン色のたくあんは甘いですが、濃い色のたくあんは苦くて、口に入れて「うえー」って言うてましたね。

田中　僕は、黄色いたくあん食べると、脳みその中がかゆくなるんですよ。あのシャキシャキ感の振動が歯から脳に伝わってかゆくなるんです（笑）。

有野　アハハハ。人によっていろんな反応がありますよね。脳みその中は初めてだけど、歯茎が下がるっていうのは聞いたことあります。で、かゆくなったら、どうするんですか。かくんですか?（笑）

田中　かけないです（笑）。そうそう、漬物とポテトサラダはよく合うんですよ。柴漬けなんかを混ぜたり、いぶりがっこを刻んで混ぜるとかすると、いい酒のつまみになります。

有野　へぇー。今度やってみよ。旦那さんは、現場に出ても、このお弁当のおかげで毎日元気です（笑）。ごちそうさま。

妄想17

お弁当も変わるよ、どこまでも?

7年目弁当

実食トーク

7年目だと、いろいろと知恵が加わる弁当に

田中　いよいよ、結婚7年目弁当です。

有野　わー。奥さん30歳くらいかな。いや、32、3歳か。えー、3年目から7年目の間に何があったんや(笑)。弁当作る前の夜に、夫婦の間に何かあったのか?6分の1がキュウリですよ。3年目よりさらに可愛さがなくなってますね。このタマゴ焼きは……ん?　何か入ってますね。

田中　大根です。前夜の大根の味噌汁が残っていて、その大根を使いました。

有野　具の大根だけ?味噌汁はどうしたんですか。

田中　味噌汁は、ワカメを入れて、朝、食べました。

有野　あ、あのワカメの味噌汁になったんか!?(笑)　タマゴ焼き、おいしい。やわらかいですね。

田中　味噌汁の具の大根ですから、水分があって混ぜて焼いても硬くならず、ふんわり焼けるんです。

有野　前日の味噌汁を活用するのはいいアイデアですね。

田中　子供も幼稚園ですから、けっこう朝はバタバタ忙しいんで、前日の残りを活用するわけです。

有野　なるほど。7年目の知恵ですね。この黒いの何ですか。黒くてでっかいの。アハハ。顔みたいになってるし。うん、思ったより固いですね。あぁ、鶏肉や。まさかのおかずです(笑)。

田中　ごはんに合う甘じょっぱい味つけにしました。まわりの黒いのはすりゴマです。ごまと梅干し、鶏肉と梅干しは、よく合うんですよ。

有野　それにしてもおかずの種類、ずいぶん減りましたね、7年目にもなると。旦那の口が黒ゴマだらけになるのも、関係ないって感じですしね。

田中　ひとつひとつは完成されてると思いますよ。新婚の時より7年目のほうが、料理の腕は上がってますから。

有野　7年目のほうが、工夫されているということですか。前日の料理を活用するとか、ムダなく作る工夫とか。

田中　新婚の頃のお弁当は、ある意味では教科書どおりなんです。3年目になると少しオリジナリティが発揮されてくる。スパゲティはあんまりお弁当には

入れないんですが、それを冷めてもおいしいよう工夫して。それが、7年目になると、もっと上達するんです。

有野 晩ごはんの時にも、明日のお弁当をどうするかって考えながら作っているんですか。

田中 そうですね。最近、旦那さんは足がよくつるっていうので、ゴマを多く使ってあげよう、とかね（笑）。

有野 足つるんですか？

田中 たとえば、ですよ（笑）。

有野 ゴマも愛情だったんだ（笑）。旦那さんはまだ現場の仕事なんでしょうか。少し偉くなってるかな。このお弁当、他人に見られるとちょっと恥ずかしいな。3年目のお弁当を知ってる部下に、久しぶりに会ってこのお弁当見られたら、恥ずかしいなぁ。食べ終わったら口のまわり真っ黒になってるし。小っちゃいトマトとかなかったんですか。

田中 チェリートマトは、経済的にちょっと。家には大きいトマトしかないです（笑）。

有野 小っちゃいトマトは割高かぁ。さて、それでこのあとは、どうなるんでしょう。たとえば、子供が15歳、高校生になりました。結婚17年目ともなると、お弁当はもう少し変わりますかね。

田中 17年目ですか？　おにぎりになっちゃうんじゃないですか（笑）。

有野 お父さんのお弁当、おにぎりですか。

田中 その次はお金。お弁当箱開けたらお金が入っているとか（笑）。

有野 アハハハ。８００円くらい入ってるんですかね。子供のお弁当で精一杯ということですか（笑）。

お父さんの定年近くには、カウントダウン弁当？

田中 逆に60歳近くなって、子供から手が離れたときのお弁当のほうが可愛くできるかもしれませんね。

有野 これがまた、定年退職の日を迎えたときのお弁当だと、どんなんでしょうね。

田中 退職の日のお弁当って、なんだか哀しくないですか。

有野 哀しいんですかね。経験ないから、良くはわかんないですけど、このご主人はもう現場は離れてデスクワークのはずです。そうなったら、また奥さんのお弁当ですよ。

田中 でも、来月から常務に昇進かもしれないし。常務になったらお弁当は持って行かないでしょう（笑）。

有野 ずいぶん偉くなりましたね（笑）。常務になんかなったら、会食ばかりでしょうね。でも定年退職の日は、この奥さんならお弁当作るでしょう。料理好きなお姉ちゃんなんだから。

田中 そう、料理は好きで、お正月はきちんとおせち料理を家で作ったり、料理上手な奥さんでしょうから、最後のお弁当は作るでしょうね。作ってほしいな。

有野 あはは。この奥さんは子供の運動会の時なんか、張り切ってお弁当作るんですよね。家族で海水浴行く時も。クーラーボックスは当然、持ってるやろう

妄想17

お弁当変遷

7年目弁当

な。何かあるといっぱい料理作って持っていくのが好きなんですね。

田中　だって、結婚する前から唐揚げ作ったりしてたんだから。きっと奥さんのお母さんも料理好きだったんですよ。

有野　そんな奥さんが作る、ご主人の定年退職の日のお弁当って、どんなんやろ。最後の日だけ作るのか。それとも、最後の1か月くらいは毎日作るのか。1週間前くらいからか。「あと6日」なんてごはんの上に海苔で書いたりして。タマゴ焼の下に数字があったりして。弁当のどこかに数字が入ってる。数字弁当かぁ。数字はやっぱり海苔が書きやすいんですかね。

田中　海苔だとハサミで切ればいいですから。

有野　カウントダウン弁当（笑）。

田中　退職の当日は、「1」じゃなくて「0」ですよね。

有野　お弁当箱開けて「0」が出てきたら、午後から働く気がなくなっちゃいますね。言葉のほうがいいかなぁ。

田中　「おわり」とか。

有野　（笑）「おわり」は「0」よりイヤやなぁ。

田中　アハハハハ。

有野　ちらっと目に入ったら、すぐにお弁当箱のフタ閉めちゃいますね。なんかいい言葉ないですかね。

田中　「38年間、ご苦労様」みたいな。

有野　それをご飯の上に書くんですかぁ（笑）そうすると、すごく大きな弁当箱がいりますよ。

田中　ご主人の好物を入れるんじゃないですかね。

有野　そうすると、やはり唐揚げですか。

田中　唐揚げは、もう飽きてませんか？（笑）

有野　年齢によって唐揚げの種類も変わってきますよ。うちは、ササミの唐揚げ好きですよ。

田中　うちもよくやります。塩にカレー粉混ぜてササミをマリネして、衣着けて高温でジャーッと揚げるんです。パクチーの上に盛りつけたりして。

有野　わぁ、おいしそう。最後の弁当のおかず、それにしますか。これは初めて食べる味やけど、やっぱり唐揚げはおいしいなぁ、って。あん時も唐揚げ食べたな、あの時も、あの時も……って。唐揚げとともにいろいろ人生思い出したりして……。

田中　主人の定年退職の日まで、まだかなり年数がありますので、じっくり考えさせてもらいます（笑）。

有野　そうですね。はい、じっくりお願いします。アハハハハハ。

味噌大根のタマゴ焼きとササミの醤油漬け黒ゴマ風味

見た目は素朴な感じですが、食欲が落ちがちな盛夏でも、
ご飯がどんどん進みますし、毎日でも飽きない味付けです。

味噌大根のタマゴ焼き

材料

全卵…2個
大根の味噌汁の大根…80g
醤油…少々
砂糖…少々
サラダ油…適量

作り方

1. 卵、醤油、砂糖をボウルで混ぜ合わせる。
2. 味噌汁の大根は刻んで1に混ぜる。
3. フライパンに油を引いて熱し、2の1/4を流して焼く。
4. 手前から奥に卵焼きを巻き、空いたスペースに2の残りの少しを流して焼き、再び巻く。計4回に分けて焼いて厚焼き卵を作る。

弁当の付け合わせと飾り

梅干し
キュウリの塩もみ
パセリ
レモンスライス

ササミの醤油漬け黒ゴマ風味

材料

鶏ササミ…1本
ニンニク（おろす）…1片分
生姜（おろす）…20g
醤油…50㎖
日本酒…30㎖
七味唐辛子…少々
塩…少々
黒すりゴマ…適量

作り方

1. ササミの下ごしらえ。前日にササミの中のスジを除き、塩を少し入れた湯で茹でる。
2. ニンニク、生姜、醤油、日本酒、七味唐辛子を合わせて電子レンジ（500W）で1～2分加熱する。
3. 茹でたササミをタッパーに入れ、温めた2を入れて一晩漬ける。
4. 翌日、漬けたササミを取り出し、黒すりゴマをまぶし、ご飯の上に盛り付ける。

妄想18 19

旦那さんが、会社の後輩を突然家に連れて来た。でも後輩は・・・

後輩は外国人

そば編　ごはん編

妄想トーク

外国人の後輩は、突然、連れて来られました。

有野　旦那さんが会社の後輩を突然、家に連れて来ました。それがまたなんと、外国人やったんです。その後輩が故郷を思い出せるような料理をお願いします。

田中　えっ、後輩が外国人？　それって、奥さんには、連れて来ること前もって言ってないんですよね。

有野　はい。突然に、です。しかもフレンチのシェフには残念なお知らせです。フランス人ではありませんでした（笑）。

田中　そうか、フランス人じゃないんだ……腕をふるえなくて、ちょっとガッカリです。何時頃、来るんですか？

有野　外で軽く食べて、一杯飲んでから来るんでしょうかね。夜の9時頃かなぁ。

田中　もう冷蔵庫には、何もありませんよ。

有野　アハハハ！そんなこと言わずに。どのへんの国の人だったら、困りますか（笑）。

田中　困るもなにも、想像つかないですよ。

有野　ベトナムやったら、フォーとかでしょ。

田中　ベトナムはフランス領だった時代があるので、よく知ってます。

有野　じゃ、ダメだ（笑）。

田中　ダメって……僕が知らないところがいいんですね。インドとか、ネパールとかあのへんはぜんぜんわかんないですよ。北インドと南インドの違いなんかも。

有野　北インドと南インドの違いって……同じカレーでしょ。

田中　香辛料の使い方が違うんですよ。香辛料を使わせたら、世界一ですからね。インドでは結婚する前、女の人はカレーの教室に通うんですよ。

有野　カレーの教室!?

田中　その教室で、最初に教えてくれるスパイスは4、5種類なんですって。でも、馴れてくると12、13種類を使い分けられるようになるんです。

有野　柔道の段位が上がってくみたいやな（笑）。最終的に何種類ぐらいのスパイス使うんですか。

田中　30～40種類はありますね。毎日カレー食べるんですから、あの人たち。

有野　離乳食からカレーだって聞きますもんね。

田中　具材は鶏だったり野菜だったり、豆だったり、毎日飽きないように工夫するんです。

有野　じゃ、日本人は毎日ごはんばっか食べて飽きないのかって、外国の人には思われてるんですかね。

田中　ごはんを飽きないで1年中食べられるレシピが、日本人のDNAには入っているんじゃないかな。同じようにインド人にはカレーのDNAが入っている

んでしょうね。

有野 じゃ、旦那さんが連れて来た後輩がインドの人やったら、カレー作ってあげるのかなぁ。

田中 スパイスを炒めるところから作るんですよ。何種類もスパイスを混ぜて、ギーという水牛の乳から作ったバターを使ったり。さすがに本場ではリンゴとハチミツは入んないですけどね。

有野 アハハ。「バーモントカレー」はないんや。ではざっくり。旦那さんの後輩は、アジア周辺の人ということでどうですか。

いちばん苦手なあたりを選びましたね。

有野 出身国を決めたほうがいいですか？名物料理がある国の方がいいのかなぁ。うーん。カンボジア……カンボジア行った時何食べたかなぁ。

田中 カンボジアって、ネパールやタイに似た料理なんじゃないですか。パクチーを使った。

有野 そうそう、パクチー多かったですね。

田中 カンボジア料理って、とくにないんですよね。

有野 揚げ物が多かったですよ。だいたいなんでも揚げてたな。一度、沼みたいなとこで釣った魚を、横の売店でさばいてくれる、というデートスポットに行きました。沼なんですよ！　水面がどろっとしてて（笑）。カップルで釣った魚を持って行くと調理してくれるんです。洗い場とかキッチンはなくて、店番がどっか行ったなぁと思ったら、魚をさばいて戻って来るんですよ。

田中 ハハハハ。きっと裏の沼でさばいて来るんですね。沼ならコイとか、バスとか、ナマズとか。

有野 ナマズやったかなぁ。

田中 それを油でジャーって、揚げるんでしょう。

有野 そう、揚げながらむしって大きな鍋に入れて。甘辛いたれをかけました。食べたら、モワッとしてましたね、モワッと。臭みが取れてないんですよ（笑）。

田中 だから、辛くて、酸っぱくて、しょっぱいたれなんです。

有野 ごまかしてるんですかね。

田中 玉ねぎもたくさん使ってたでしょ。

有野 入ってましたね、玉ねぎ。ピーマンもたっぷり。

田中 それが、おいしいんですね。ニンニクも、

生姜っぽいものもたくさん採れるんですよ。そういったものと一緒に食べることで、殺菌作用もありますしね。

有野　殺菌作用ですか!?

田中　ところで、旦那さんの仕事は何なんですか？　後輩は日本に何しに来てるんですか。

有野　え、旦那さんの仕事？　うーん……後輩はね、研修で来たんですかね。そう、研修ですね。将来は国に戻るんでしょうね。でもそれって、料理に関係ありますか？

田中　ないですけど、歓迎したいですから。でも突然だから、奥さんキツいなぁ。

有野　じゃあ、ケバブがある国にしましょうか。

田中　は？　ケ、ケバブ？

有野　シュルシュルって、削ぎ切りしてパンとかに挟んで食べるやつ。

有野　ケパブ？　それってトルコですかね。イヤなところ、つきますねぇ。いちばん苦手なところです（笑）。でも、トルコ料理は歴史がありますよ。パンもコーヒーもトルコからヨーロッパに伝わりましたし、オードブル、メイン、デザート、コーヒーというコース料理の流れを作ったのもトルコです。

有野　じゃあ、もうできるじゃないですか、トルコ料理。

田中　できないですよ。コースという提供スタイルは同じでも、料理の内容はまったく違うんですから。

有野　ケバブにしますか（笑）。

田中　ケバブ？　フランスではグレッグって言うんですよ。

有野　あれを家で作れないですかね。小っちゃーく、可愛くできないですか。肉500グラムくらいで。

田中　何で焼きましょう？　トースターを立ててますか？　アハハハ。本式の作り方は見たことあります。

有野　そこまで知ってるなら作れるじゃないですか。

田中　あれはフランスで見たギリシャ料理なんですけど。

有野　じゃあ、後輩はギリシャ人ということにしましょう（笑）。

田中　ギリシャ料理なら、僕簡単にいけますよ。

有野　簡単ならつまらないから却下（笑）。

普通じゃないほうがいいですか。

田中　後輩連れて来るのはいいけど「あるものでしかできないよ」っていうのが、普通ですよね。

有野　奥さん、ちょっと怒ってますか（笑）。

田中　少しイラっと。でも普通怒りますよ。急に来られてケバブ作るのは無理です（笑）。でも、ケバブの味はわかっていて、

作れないけどその味のものは工夫できるって。そんなことなのかなぁ。

有野　お茶漬けにしますか、ケバブ味の（笑）。

田中　いいですね（笑）。お酒飲んで来たから、水分が多いものがいいでしょうね。サラサラって食べられるものが。でもお米だと普通ですかね。

有野　梅干しとかシャケの代わりに何か、ってことですかね。

田中　あと、なんか想像できそうだしなぁ、想像できない料理の方がいいなぁ。食べたら、「えっ？」ってなるようなのがいいですね。

有野　おおぉぉ。チャレンジャーですね！

田中　適当に思いつくまま言ってます（笑）。

有野　自分の首、締めますねぇ（笑）。では、トルコ人です。トルコの人でいいですか。

田中　ああ、はい。覚悟しました。

有野　では後輩はトルコ人です。そういえば、トルコライスってありますよね。あれは、トルコの料理ですか。

田中　トルコライスって何ですか。

有野　僕、19歳のときにバイトしてた店で出してましたよ。ドライカレーに、薄焼きタマゴがのって、その上にトンカツをのせて、カレーがかかっていて、ナポリタンが付いてるんです。薄焼きタマゴがない店もあったかな。カレーじゃなくてデミグラスソースの店もあったかも。

田中　トルコライス。生まれて初めて知った。

有野　トルコの料理じゃないんですかね。

田中　僕は知りませんね。

有野　大阪のアメリカ村で、19歳の僕はトルコの料理じゃないトルコライス出すバイトしてました（笑）。

田中　要は、ケバブにしても、玉ねぎとか羊とか、香辛料とか重ねる。トルコライスもタマゴ焼がのって、トンカツがのってと、いろんなおかずを重ねる。なんか重ねるんですね、きっと。

有野　重ねて仕上げるのが特徴なんですかね。でもトルコライスはトルコの料理じゃないんだから〝重ねる〟は、忘れてもいいですよ。

田中　ただ、トルコって名乗るからには、何かヒントになって重ねたんじゃないかなぁって。

有野　トルコの人だと肉はラムが喜ばれますよね（笑）。

田中　夜遅くに急に来て、家にラム肉はないでしょ。奥さん怒って出て行っちゃう。

有野　それは、困りますね（笑）。

田中　うーん、とりあえず作ってきます。

有野　苦戦してます？

田中　はい、正直ちょっと。でも大丈夫。

有野　期待してます（笑）。

アラビア風そば

タンドリー風味のヨーグルトソースで食べる、サラダ感覚の日本そばです。鶏ムネ肉も同じくタンドリーペーストとヨーグルトでマリネし、風味を統一しました。

材料

そば（茹でたもの）…200g
タンドリーチキン※…90g
キュウリ（細切り）…60g
セロリ（細切り）…60g
トマト（スライス）…1/2個
サラダ菜（せん切り）…40g
錦糸卵…1個分
赤玉ねぎ（スライス）…40g
白ゴマ…少々
紅生姜…少々
食用花…適量
ヨーグルトソース※…適量

作り方

1. 茹でたそばを皿の中央に盛ってゴマをふる。
2. そばにかけるようにして、ヨーグルトソースをかける。
3. そばの上にキュウリ、セロリ、錦糸卵、サラダ菜を盛り付ける。その上にタンドリーチキンのぶつ切りをのせる。
4. タンドリーチキンの上に紅生姜をトッピングし、食用花を飾る。

タンドリーチキン

材料（2人前）

鶏ムネ肉…1枚
ヨーグルト…70g
タンドリーペースト…大さじ1
砂糖…2つまみ
塩…適量
こしょう…適量

作り方

1. 鶏ムネ肉に塩、こしょうをする。
2. ヨーグルト、タンドリーペースト、砂糖を合わせたものに、1の鶏肉を20分ほど漬ける。
3. フライパンを弱火で熱し、汁を切って鶏肉を焼く。鶏肉に色を付けないように弱火で3分ほど焼いたら、強火にして色づける。
4. 鶏肉の表面が色づいたら、火を止め、電子レンジまたはオーブンに移して中まで火を通す。

ヨーグルトソース

材料（2人前）

赤玉ねぎ（みじん切り）…30g
ヨーグルト…100g
タンドリーペースト…10g
レモン汁…1/2個分
鶏ガラスープの素…10g
水…100㎖
砂糖…1つまみ
塩…少々
こしょう…少々

作り方

材料を全てボウルで混ぜ合わせる。

アラビア風ごはん

「アラビア風そば」のごはん版。丼というより、ごはんを野菜の一つとして味わう、タンドリー風味のヨーグルト味のサラダです。そばのときと違い、ヨーグルトソースは、ごはんにかけないように盛り付けて、混ぜながら味わってもらいます。

材料

ごはん…200g
タンドリーチキン（P110に作り方）…90g
キュウリ（細切り）…60g
セロリ（細切り）…60g
トマト（スライス）…1/2個
サラダ菜（せん切り）…40g
錦糸卵…1個分
赤玉ねぎ（スライス）…40g
白ゴマ…少々
紅生姜…少々
食用花…適量
ヨーグルトソース（P110に作り方）…適量

作り方

1. ごはんを皿の中央に山盛りにし、ゴマをふる。
2. ごはんの上にキュウリ、セロリ、錦糸卵、サラダ菜を盛り付ける。その上にタンドリーチキンのぶつ切りをのせる。
3. タンドリーチキンの上に紅生姜をトッピングし、野菜にかけないようにして、ヨーグルトソースをまわりにかける。
4. 食用花を飾る。

実食トーク

ごはんとそば、2種類。同じソースなんですよ。

田中　はい、できました。

有野　なんだ？お皿が2つ出て来た。同じものですか？

田中　同じではないです。

有野　へー、違うんや？

田中　まずは、こっち、ごはんの方を。

有野　あ、お花も。

田中　スプーンの方が食べやすいと思います。お箸で崩しても大丈夫ですけど。お箸で鶏だけ食べてもおいしいです。

有野　いただきまーす。あ、辛い、でもおいしい。トルコっぽい。よう知らんけど(笑)。何？　カレー味ですか？

田中　タンドリーペーストです。ちょっと混ぜて。

有野　紅生姜があるから日本って感じもします。

田中　これはタンドリーとヨーグルトです。

あと、鶏ガラスープの素をお水で伸ばして、ソースを作りました。

有野　がんばりましたね、奥さん。急に家に連れて来たのに、怒ってませんね。

田中　ちょっと怒ってますけどね(笑)。でも、これだったらトルコの後輩にも喜んでもらえるかな(笑)。

有野　トルコではもっと辛いんですかね。タンドリーにヨーグルト、これが食べやすいのかな。

田中　ヨーグルトを入れると、鶏肉が柔らか

くなるんです。ヨーグルトと鶏肉を少しマリネしました。あと少し漬け込みました。短い時間ですけど。

有野　なるほど。もうひとつの料理行きます。おそばですか。これは好きやな。日本人やからかな。わぁ、酸っぱい。これはヨーグルトの酸っぱさやな。

田中　おもしろいことに、お米で食べるソースとおそばで食べるソースとは、味がぜんぜん違うでしょ。

有野　うーん。どれどれ。

田中　同じソースなんですよ。

有野　おそばはサッパリしてますよ。ごはんのほうは辛いです、辛く感じる。これで同じソースなんですか!?

田中　お米が、辛く感じさせるんです。

有野　いや、ほかにもなんかしてるんでしょ。

田中　してないです。お米って糖分があるんで。ソースだけ舐めるとまるっきり同じです。

有野　旦那さんにはおそばですね。いやぁ、トルコの人にこそ、おそば食べて欲しいな（笑）。

田中　トルコの人におそばを食べてもらいたいなと、僕も思ってました（笑）。

有野　さっき厨房覗いたんですけど、シェフの部下が、どうしたらいいんだろうって途方に暮れた感じで立ってましたね。

田中　レシピ決まってないですからね。突然僕が何を言い出すかって、ね（笑）。

有野　突然は、みんなが困りますね（笑）。

田中　奥さんもね（笑）。

有野　このそばは？　普通の？

田中　はい。流水麺です。普通のおそば。

有野　もしタンドリーがなかったらどうしたらいいですか？

田中　カレー粉。カレー粉と七味でもいいし。

有野　へぇー、トルコの人これ食べたら国が恋しくなんのんかな。逆に、国に帰って、今度はこの奥さんの料理食べたいと思ったら、トルコでそば探さなあかんなぁ。

田中　乾麺でもいいんじゃないんですか。米もたぶんトルコと違いますね。

有野　これ食べたら、すぐ国に帰りたくなったりして。妄想の人やけど、なんか心配しちゃいますね（笑）。

田中　でも突然うちに来て、これ出してくれたらうれしいでしょうね。

妄想 18 19 後輩は外国人 そば編 ごはん編

有野　旦那さんは、うちの妻、ようやるなぁ、って思うでしょうね（笑）。シェフ、厨房でさっき、なんか悩んでましたね。何を悩んでたんですか？

田中　重ねるっていうのに悩みました。だから鶏をちょっと上に重ねてみました。

有野　なんで、おそばなんですかね。

田中　うーん、たぶん後輩はお箸は使えないでしょうし、最初はごはんだからスプーンでいいかなって思って、でも、そばもおいしそうだなって（笑）。

有野　パンは考えなかったんですか、最初から。

田中　パン使っちゃうと、たぶん洋風になっちゃうと思ったんで。

有野　日本だからパンよりそばだと。

田中　いや、それより突然だったからそれしかなかったんです、冷蔵庫に（笑）。

有野　そうか（笑）。このお花は食べられます？　って言うより、お花はあったんですね。

田中　冷蔵庫にありました（笑）。

有野　なんだかんだ言って、奥さんやるなぁ（笑）。ごはんのほうは、お茶漬けと呼んでいいんですか？

田中　お茶漬けと呼べばお茶漬けなんでしょうね。でもそうはしたくなかったんです。ほかにない料理にしたくて。

有野　名前つけると、なんですかね、「冷やしトルコ」ですかね（笑）。

田中　トルコライスでしたっけ？　それもヒントになったんですよ。上にタマゴがのってるっていう。でも中華にはしたくなかった。

有野　中華にしたくないからそばなんや。うまいこといきましたね。おいしかったぁ。

田中　完食しましたね。

有野　ごちそうさまでした。今度トルコに帰ったら作ってみます（笑）。

妄想 20

おとぎ話から妄想しました
フランス版　桃太郎のきびだんご

妄想トーク

パリの桃太郎なら、お腰につけないだんご？

有野　次はおとぎ話から妄想してみたいと思います。桃太郎って知ってるでしょ。

田中　もちろん。

有野　お腰につけたきびだんごをあげただけで、鬼退治にキジ、犬、猿がついて来たじゃないですか。もしもフランスのセーヌ川を流れる桃から生まれた桃太郎だとしたら。彼らをお供にするためにお腰につけて行ったのは？

田中　ふん？（笑）。

有野　なんかちょっとバカにしてます？（笑）

田中　いえいえ、そうじゃないです。変なこと妄想するんだな、と思って（笑）。

有野　ヘンですか？　昔はきびだんごって貴重なものだったんですよね。甘いものは贅沢な時代ですしね。簡単に言うとデザートなんでしょうか。でも、ずいぶん昔ですから、デザートといっていいかどうか。

田中　桃太郎って、どれくらい昔なんですか。

有野　えー、江戸時代よりは前でしょう（笑）。

田中　もっと前なんじゃ？

有野　諸説あるそうです。岡山に銅像が建ってました。鬼ヶ島とされる島もあったと思うなぁ。

田中　怖いとこですか？

有野　古事記とか日本書紀に記述があるそうです。広まったのは江戸時代ですって。

田中　１７００年代だと、もうフランスという国もありますね。

有野　その時代のデザートって何でしょう。

田中　きびだんごに代わるものって何だろう、やっぱり粉物なのかな。

有野　フルーツ……。オレンジとか。

田中　オレンジはね、ナポレオンの時代になってからなんです、フランスに入って来るの。バナナなんかもそうなんですよ。

有野　へぇー。

田中　パリにオランジェリー美術館というのがあるでしょ。あれはナポレオンが、オレンジを栽培していたところなんです。上から光が入ってくるように温室になってるんです。それを美術館にしたのがオランジエリー美術館。

有野　へー。

田中　世界各国のいいものを、集めて残したのがフランスだから。

有野　じゃ、初めはそんな華やかなところじゃなかったんですか。
田中　その頃、華やかだったのは、やっぱりイギリスとか、ロシア。
有野　じゃチョコとかもないんですか、チョコはうんと後の時代？
田中　ですね。高級品です。
有野　じゃ、甘いものはなかった？
田中　いや、ありました、ありました。高級品でしたけど。貴族とか、そんな人たちの口にしか入らなかったんじゃないですかね。
有野　もっと一般の市民が食べてたような。お餅みたいなものはなかったんですか。
田中　クスクスと言って、パスタの粉みたいなのを蒸して、お砂糖かけて食べてたっていうのはあります。安いんです。あと干しぶどう的なもの。
有野　干しぶどう1粒では、犬やキジさん、お供してくれませんよね（笑）。お腰につけてても見えへんやろしなぁ。
田中　ちょっとおシャレな粉物と、ちょっと日本的なものを混ぜて。
有野　フランスだけでいいですよ（笑）。
田中　でも、犬さん、キジさん、お猿さんの心を動かすものがいいですよね。
有野　でも、お腰につけるから、チョコは溶けたりするんやろうな。
田中　フランスだと、けっこうきれいな箱に入ってますね。
有野　ワハハハハ、桃太郎がきれいな箱を腰につけてるんすか。
田中　フランスって聞くと、ついね（笑）。
有野　そうなってくると犬、キジ、猿は、全部メスになっちゃうけど。メスにあげるプレゼントみたいに、ねぇ（笑）。
田中　その箱からきびだんごが出てくる。
有野　お菓子の缶カンですね。
田中　きびだんごって、たぶんアラブ的なお饅頭になるのかなぁ、と思うんですけどね。フランスだとパリをイメージして、きびだんごを作る。作るというか

妄想20 フランス版 桃太郎のきびだんご

キジと猿と犬が〝これもらってしまったらついて行かなきゃいけないな〞と思うものを想像して作る。

有野　エッフェル塔つけてあげるとかいうことですか（笑）。

田中　金箔つけちゃう？

有野　豪華やな、でもパリジャンやから、ありか（笑）。

田中　鬼は退治しちゃうんですか。それとも懲らしめて、半殺し？

有野　ワハハハ、そこ関係ありますか。でも実際は、やっつけなかったんでしょ。「もう悪さしません」って言わして。ところで鬼はどこにいるんでしょうね。

田中　ノルマンディ地方の方にちょっといる。セーヌ川を少し下って（笑）。

有野　マジでフランスの鬼はいったいどこにおるんでしょうね。鬼を退治する前に、鬼見つけなあかんやん。

田中　あの、とりあえず作ってきていいですか。鬼を見つけるのはあとにしてもらって（笑）。

有野　もう作れますか？　お腰につけても溶けないでしょうね。

田中　たぶんお腰にはつけないんだと思いますよ、パリジャンの桃太郎は。

有野　♪お腰につけないきびだんご（笑）。

田中　パリジャンですからけっこうおシャレに。犬さんとキジさんに喜んでもらえるもの。それにはちょっとチョコレートの話が出たので、チョコレートは使おうかなと思ってますけど。溶けないように何か工夫をして。

有野　そんな昔にさかのぼらなくてもいいですよ。紀元前とかまで行かなくていいですからね。せいぜい江戸時代くらいまでで。

田中　1800年、1700年前後にあったようなもので。

有野　フランスという国ができた頃ですね。なんか勉強なるなぁ（笑）。楽しみです。

妄想20

フランス版
桃太郎のきびだんご

パリだんご

ホットケーキミックスを活用した生地で、チョコレート味のおはぎを包みました。おはぎは手軽に作れるよう、もち米ではなく、ごはんをつぶして作っています。

材 料

ホットケーキ生地（直径14～15㎝）…8枚
チョコおはぎ（1個30～35ｇ）…8個
金箔…適量

作り方

1 ラップの上にホットケーキ生地をのせ、その中央にチョコおきばを丸めてのせる。
2 ラップごと丸めてチョコおはぎを生地で包み、ラップをしっかりねじって止めて、冷蔵庫で5分ほど冷やす。
3 ラップをはずし、閉じ口を下にして箱に並べる。上に金箔を飾る。

生地

材 料

ホットケーキミックス…200g
牛乳…250㎖
全卵…1個
溶かしバター…30g

作り方

1 材料をボウルで混ぜ合わせる。
2 フライパンを中火で熱し、生地を落とし、厚みが5㎜ほどで直径14～15㎝の大きさに焼いて、ひっくり返す。

チョコおはぎ

材 料

ごはん（炊きたて）…420g
チョコレート（明治製菓）…50g
コンデンスミルク…30g
コニャック…少々
塩…1つまみ

作り方

1 アツアツのごはんをボウルに入れ、麺棒もしくはすりこぎで突いて、粘りを出す。
2 チョコレートを刻み、コンデンスミルクと塩とコニャックを加えてよく混ぜて冷ます。

実食トーク

フランスと日本の合作や！

有野　開けていいのかな、なんだ？　饅頭ですね。包んでますね。
田中　はい。
有野　あ、柔らかい。米かな？　いただきまーす。うわ、ん？　米とチョコですか。
田中　練乳も入ってます。
有野　うわー、子供が好きな味ですよ、これ。
田中　少しコニャックも。
有野　ふわっとお酒の味します。ごはんにチョコとか練乳をかけてるんですね。
田中　だんごにこだわりました。だんごというものがないんですね、フランスには。
有野　へー、だんごないんや。
田中　だんごっていうのは、もち米で作ったり、米で作ったり。だんごと言わせるためには、どうしたらいいのかを考えて、それにプラスアルファ、フランスの香りと味と。実はこれホットケーキの素なんです、外側は。
有野　ほー。
田中　それに牛乳を多めに入れて焼いて、ごはんを包んだんです。包むという作業がフランスっぽいので。外から見たらフランス。食べるとニッポンで、香りと味がフランス。練乳んとこがフランスっぽいでしょ。そしてニッポンのお米を使って。
有野　フランスと日本の合作や（笑）。
田中　で、「もう悪さはしません」って鬼に言わせるために、ごはんは〝半殺し〟にしてあります（笑）。
有野　半殺しで……潰してしまうんですね。鬼、大丈夫か（笑）。これはお腰につけないですね、小脇に抱えて、ですかね。
田中　こういう箱は、よくトリュフを入れた

妄想20 フランス版 桃太郎のきびだんご

りするんで、いいかな、と。

有野　フランスではこういう箱、よく使うんですか？

田中　使います。たぶんこのチョコレートの材料とスポンジケーキの材料と練乳で、フランスの犬とキジと猿は、お供について来ると思ったんですけど。

有野　そのまま、あったかごはんにチョコをバンバンとぶち込んで、練乳グワッとかけて、ジャカジャカジャカと混ぜたらできるってことですか。

田中　ごはんを潰して。

有野　あくまで潰すんですね。

田中　半殺しで……です（笑）。

有野　ワハハハハハ、こだわりますね。なじみやすいってことですか、その方が。

田中　だんごっていうところにこだわりました。

有野　こんなん食べたの初めてですわ。

田中　僕も作ったの、初めてです

有野　ワハハハハハハ、そうでしょうね。おもしろい料理です。亀屋万年堂にあってもおかしくない。

田中　亀屋万年堂？

有野　あ、気にしないでください。妄想の和菓子屋ですから（笑）。

田中　「これ丸いけどだんごじゃないよね」と言われるのが怖かったので。

有野　この料理の名前どうしましょ。

田中　お任せします。

有野　やっぱり「パリだんご」かなぁ。♪桃太郎さん桃太郎さん、小脇に抱えたパリだんご……これならお猿さんもついて来るやろなぁ（笑）。

田中　ついて来てくれてよかったです（笑）。

有野　これから鬼をボッコボッコの半殺しにしに行きます。小脇に抱えたパリだんごで、もっと仲間集めましょう。

田中　はい。確実に潰しますから（笑）。

妄想番外編

とうとうシェフも妄想しちゃった。歴史に名を残す?!

名前が料理名になる料理「ARINO」

有野さんの妄想から生まれる料理の数々を、田中シェフに実際においしい料理として作ってもらいたい。

そんな無茶とも思える料理本企画。3日間かけて、2人のトークと20品の料理の撮影をなんとか終えて、有野さんはじめスタッフのみんなが「やれやれ」とホッと一息いれていた時、田中シェフがモジモジとこう切り出しました。

田中　せっかくこういう機会をいただいたので、僕は、「有野」という料理を作りたくなりました。

有野　なんですか、それ?

田中　1700年半ばから1800年にかけて、料理に人の名前をつけるのがフランスで流行ったんです。

有野　サンドイッチ伯爵みたいな?

田中　はい。カルパッチョも人の名前ですし。彼は画家です。ビーフストロガノフも。

有野　嘘?!

田中　ビーフは牛じゃないんです。ロシア語で何々風って意味です。

有野　ストロガノフ風?

田中　そうですそうです。他にも色々あるんですが、僕も「有野」という名の料理を残したいなと。有野さんが亡くなった後にもずっと料理の名前は残るような・・。

有野　僕は歴史上の人物になるんだ（笑）。

田中　はい（笑）。僕の妄想料理です。

田中シェフが言うには、「有野さんの妄想を聞きながら、いろいろ料理のお話しをさせて頂いていると、有野さんの好みというようなものがおぼろげに、見えてきました。」ということらしいのです。

とは言うものの、彼の好みを一生懸命インタビュー？してましたけど（笑）。

田中　好きな香辛料って何ですか、好きなソースとかありますか。

有野　お好みソースとケチャップは好きですよ。ポン酢も好き。酢っぱいのが好きなんかなぁ。

田中　お好きな味噌汁の具は？

有野　味噌汁っすかぁ?、豆腐ですね。豆腐とアゲ。

田中　お米、パスタ、そば、パンでは？

有野　米ですね。何すかこのイエスノー・クイズみたいなやつ。あと西京焼き嫌いです。モワッとしてるから嫌い（笑）。

田中　嫌いなものはいいです（笑）。お肉は何が好きですか？

有野　40になってから鶏が好きになりましたね。それまでは豚でした。家があんまり裕福じゃなかったからだと思うけど、牛はあまり食べなかったですね。すき焼きも豚でしたし。

田中　カレーに味噌入れてカレーかっていうと、そうじゃないですよね。最低限必要なカレー粉は香辛料何種類も混ぜて作るんですけど、そこにチキンが入っても、牛が入っても、シーフードが入ってもカレーになるわけです。そんな定義を作り上げたいんです。

有野　へー、そんな風に考えるんですか。

田中　ソースの名前で残したいですね。

有野　ソース「ARINO」ですか？

田中　これとこれが入ったら「ARINO」だよっていうようなソースを。自分が主張するのではなくて、素材をうまく引き立ててくれるのがソースでしょ。まさに有野さんみたいじゃないですか（笑）。

有野　うまいこと言いましたね（笑）。

田中シェフは、それをどんな料理にするのかはまだ、思案中だと言う。

撮影はひとまずここで終わり、後日、田中シェフが作る「ARINO」を、有野さんに試食してもらうことにしました。

この後、田中シェフは「ARINO」を世界の「ARINO」にするために、ヨーロッパ、アジア等、多くの国で馴染みがあり、手に入りやすい食材を使うという事を前提に、2週間あまりも試行を繰り返してくれました。

そして遂に、「ARINO」を有野さんに提案する日がやってきました。

文字通り田中シェフは、鍋と釜を下げ、有野さんがレギュラー出演している大阪毎日放送へ勇躍乗り込んで行きました。

そして ARINOという 料理は完成した。

田中シェフは、大阪の毎日放送に本番直前の有野さんを訪ねた。

毎日放送玄関前
できたんですか？ ARINO
ハイ 完成しました
わぁ、僕も緊張するなぁ でも試食楽しみや よろしくお願いします
毎日放送

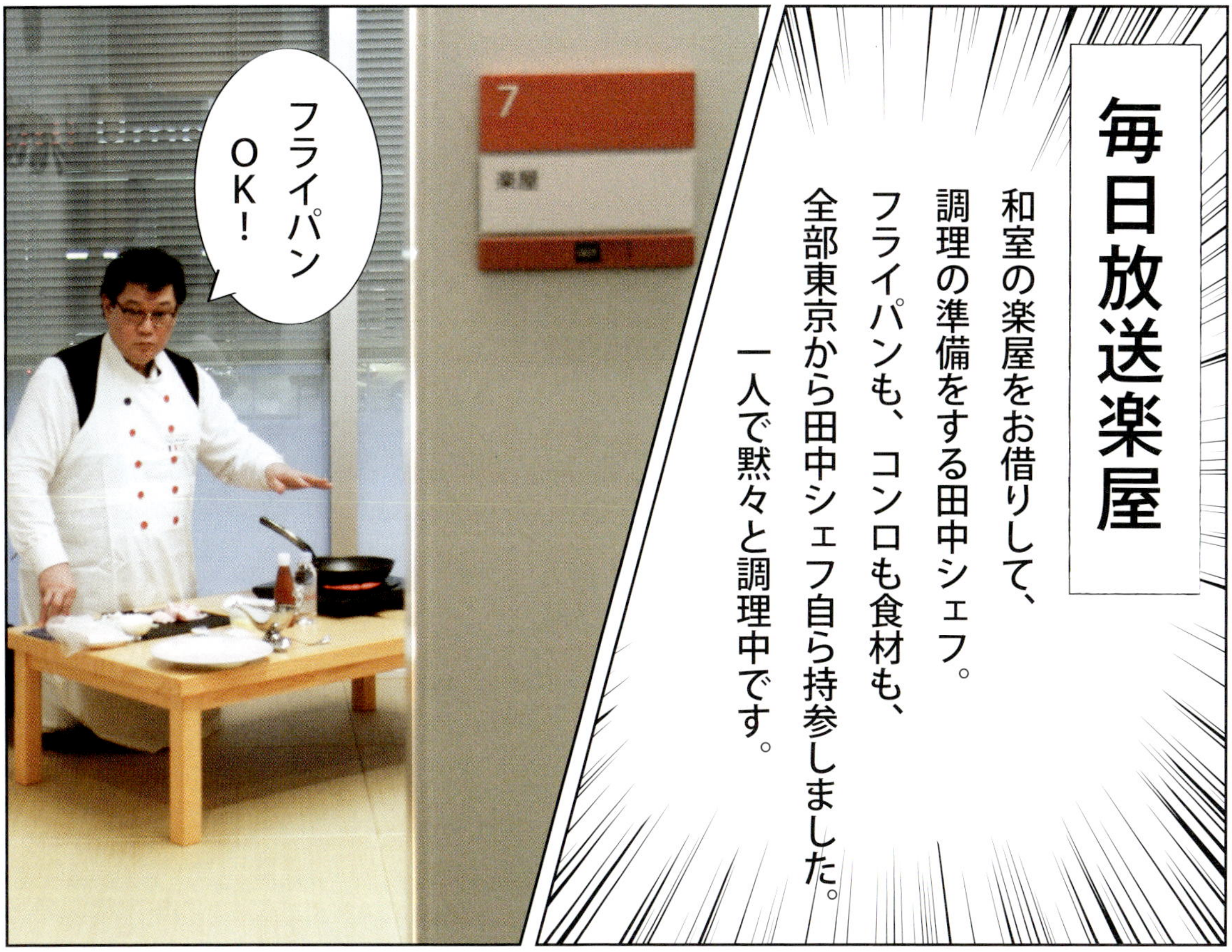
毎日放送楽屋
和室の楽屋をお借りして、
調理の準備をする田中シェフ。
フライパンも、コンロも食材も、
全部東京から田中シェフ自ら持参しました。
一人で黙々と調理中です。
7
楽屋
フライパンOK!

楽屋
OUT
ちちんぷいぷい
有野 晋哉 様
お隣は、
番組出演中の
有野さんの楽屋です。

本番を終えて楽屋に戻った有野さんに、「ARINO」をサーブする田中シェフ。

おじゃまします

料理を説明する田中シェフ
ちょっと酸っぱいソースがお好きだっておしゃってましたよねそれで考えたんですよ

「ARINO」を試食する有野さん。
心配げに様子を見つめる田中シェフ。
あっ、ケチャップですか
黙々と食べて完食。
どうでしょう？
おいしい
ARINO決まりです
果たしてARINOは歴史に名を残せるのか？

「ARINO」の調理法を再現中！
僕にも作れますか？
豚肉と玉ねぎさっと炒めて…
ここで、ケチャップを
ご飯にかけても、炒めた肉にかけても、サラダにかけても合いますよ
これは、万能ソースですね？
有野さんは作り方を何度もシェフに聞いていました。さては、お家で子供さんに作ってあげるのかな

ついに、有野さんのOKが出た！田中シェフはSAUCE ARINO（アリノソース）と命名！
有野さんと話をしていて「彼の好みは、少し酸味のある甘いソース」だとみた
彼がポン酢好きだとは聞いたが、今回ポン酢は使わなかった。それは、世界の「SAUCE ARINO」になるためには多くの国で馴染みがあり、手に入りやすい食材を使うということが大事だと考えたから。
ついに僕の名前が料理名になるんですね なんか感動っす（笑）
SAUCE ARINOをベースに、料理のバリエーションを幾つかレシピにしました
僕のレストランでも、早速メニューに載せることにします
ほんとに？レストラン大丈夫っすか（笑）
「SAUCE ARINO（アリノソース）とは・・・ケチャップベースにバターを加え、豚肉と玉ねぎを入れた温かいソース」

さて、SAUCE ARINO は
ホントに歴史に残る料理になるのか
次ページに SAUCE ARINO のレシピを
紹介します。お試しください。

名前が料理名になる料理「ARINO」

ARINOライス

ケチャップ、豚肉、玉ねぎをベースにしたのがソース「ARINO」です。温かくても、冷めてもおいしく、ご飯にかけてもパンにも合います。

材 料（2人前）

ライス…適量
玉ねぎ…90g
サラダ油…大さじ2
豚バラ肉（スライス）…110g
ケチャップ…96g
バター…40g
水…95mℓ
砂糖…5g
塩…少々
こしょう…少々
生クリーム…少々
パセリのみじん切り…少々

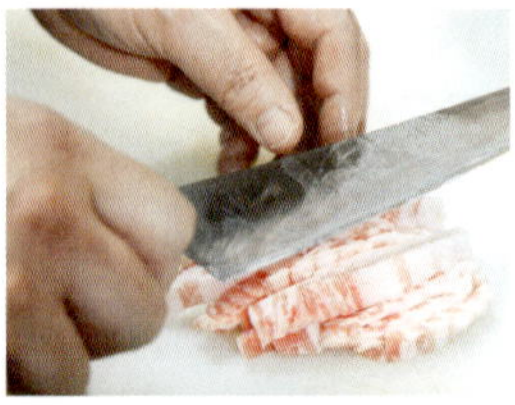

作り方

1. 玉ねぎはタテに半分に切り、それをねかして、1cm幅にスライスする。
2. 豚バラ肉のスライスは1.5cm幅に切る。
3. 玉ねぎをサラダ油で中火で炒める。玉ねぎは色づけないように炒める。
4. 2の豚肉を加えて炒め、豚肉に火が通って白くなったら火からフライパンをはずし、ケチャップ、水、砂糖、塩、こしょうを加える。
5. 再び中火にかけ、フライパンの縁がプツプツしてきたらバターを加える。沸かさないように注意し、バターが溶けたらソースポットに移す。
6. 生クリームをたらし、パセリのみじん切りを散らす。

妄想 番外編

名前が料理名になる料理「ARINO」

ARINOポーク

ソースARINOは、合わせる豚肉を大きくすることで、ボリュームがアップできます。ごはんのおかずはもちろん、パンにもよく合います。

材料（2人前）

豚ロース肉（生姜焼き用）…4枚（130g）
玉ねぎ…70g
サラダ油…大さじ2
ケチャップ…70g
バター…20g
水…75mℓ
砂糖…8g
塩…少々
こしょう…少々
生クリーム…少々
キャベツ（せん切り）…適量
トマト（串切り）…適量
キュウリ（スライス）…適量
パセリ…適量

作り方

1 玉ねぎはタテに半分に切り、それをねかして、1cm幅にスライスする。
2 生姜焼き用の豚ロース肉は半分に切る。
3 玉ねぎをサラダ油で中火で炒める。玉ねぎは色づけないように炒め、7割がた火が通ったら、玉ねぎの上に豚ロース肉をのせる。
4 豚肉をひっくり返し、豚肉に火が通って白くなったら火からフライパンをはずし、ケチャップ、水、砂糖、塩、こしょうを加える。
5 再び中火にかけ、フライパンの縁がプツプツしてきたらバターを加える。沸かさないように注意し、バターを溶かす。
6 皿にキャベツのせん切り、キュウリスライス、串切りトマトを盛り、まず、豚ロース肉を盛り付け、その上に残ったソースをかける。
7 生クリームをたらし、パセリを飾る。

LES
CRISTALLINES

妄想 番外編

名前が料理名になる料理「ARINO」

ARINOサラダ

ソースARINOは、サラダのソースにもなります。キュウリ、レタスなど、歯触りのいい生野菜を、満足感のある一品にしてくれるソースです。

材料（2人前）

豚バラ肉（スライス）…40g
玉ねぎ…30g
サラダ油（炒め用）…大さじ2
サラダ油（ソース用）…30mℓ
ケチャップ…40g
バター…10g
水…35mℓ
砂糖…4g
塩…少々
こしょう…少々
サニーレタス…適量
エンダイブ…適量
トレビス…適量
赤ピーマン…1/2個
チェリートマト…3個
キュウリ（スライス）…1/3本
パセリみじん切り…適量
エディブルフラワー…適量

作り方

1 玉ねぎはタテに半分に切り、それをねかして、1cm幅にスライスする。
2 豚バラ肉は7mm幅に切る。
3 玉ねぎをサラダ油で中火で炒める。玉ねぎは色づけないように炒め、7割がた火が通ったら、豚肉を加えて炒める。
4 豚肉に火が通って白くなったら火からフライパンをはずし、ケチャップ、水、砂糖、塩、こしょうを加える。
5 再び中火にかけ、フライパンの縁がプツプツしてきたらバターを加える。沸かさないように注意し、バターが溶けたら火から外してサラダ油30mℓを加えて混ぜる。
6 皿にちぎったトレビス、エンダイブ、サニーレタス、キュウリスライス、半分に切ったチェリートマトを盛り、中央を少しくぼませる。
7 ソースが温かいうちにかけて、パセリのみじん切りを散らす。エディブルフラワーを飾る。

エピローグ

料理を作ることが、また好きになりました

〜田中彰伯

僕は料理人人生40年。おいしいフランス料理を作る自信はもちろんありました。

よゐこの有野さんから「僕の『妄想』から料理を作れますか?」と言われた時、「妄想からの料理って何?」とは思いましたが、「有野さんの妄想した料理を僕がおいしく作りゃいいんでしょ」それなら、まぁ何とかなるでしょう、ぐらいの考えでいたんです。

ところが。1品目の妄想トークが始まって「これはえらいことになってしまった」とすぐに後悔しました。有野さんの考えた料理をただ作るだけではなく、「ママタレで再起をはかりたい元アイドル」や、「彼氏と幸せになりたいお姉ちゃん」が、人生で出くわす物語の場面場面で作るであろう料理を、僕なりに考え出さないといけない、ということに気づいたからです。

今までそんな風にして料理を作ったことは一度もありません。背中を冷たい汗が流れ落ちていきました。

でも、有野さんのお話を聞いたり質問したりしていく中で、ふと気づいたのです。お姉ちゃんが弟を思う気持ち。アイドルに売れて欲しいという気持ち。有野さんの妄想の根底には、常に思いやりがあるということに。

そうです。料理は思いやりなんです。僕はそう思って今まで料理を作ってきました。それに気づいた瞬間、すんなりと妄想トークに入り込んでいくことができました。トークを終えて厨房に移動してからは、今まで感じたことのない感覚で「妄想料理」を形にしていきました。

僕は、有野さんの妄想の中のお姉ちゃんだったり、アイドルだったり、ママタレだったり、その人になったつもりで料理を作っていたのです。

どれも有野さんとトークをしたのち、すぐに厨房に入って料理を作るのですが、即興が基本なので、あらかじめ食材を仕込んでおくことができなかったことが、最後までとても不安だったことは、ここで告白しておきます。

どの料理も、頭で考えただけでできた料理ではないんです。心で感じて作った料理、心に描いた人を感じて、思いやりをたっぷりまぶして作った料理の数々です。皆さんもぜひ作ってみてください、絶対においしいです。

有野さんとの「妄想料理」を経験させていただいて、僕はまた料理作りが好きになりました。さらに腕を磨いて準備しておきます。次の「妄想料理」まで。

ありがとうございました。

妄想料理レシピ
目次

【レシピについて】

- 大さじ＝15㎖、小さじ＝5㎖、1カップ=200㎖です。
- レシピの中の「全卵」は、Mサイズを使用しています。
- 作り方の分量のところに「適量」とあるものは、様子をみながら分量や味を決めるところです。
- 作り方での加熱時間、加熱温度などは、ご家庭で使用している機器に合わせて調整してください。

ALMADEN

妄想料理の調理に東奔西走した「レ・クリスタリーヌ」のスタッフの皆さん他、本書制作に係わった皆さんと。

有野晋哉　Shinya Arino

1972年大阪府生まれ。
1990年、高校の同級生だった濱口優と「よゐこ」結成。
1992年、新人の登竜門的な大きな賞をダブル入賞。地道な活動を経ず、いきなりの東京進出。以来、テレビ・ラジオのレギュラー番組が途切れず現在に至る。
2003年から続くテレビゲーム番組を持ち、ファンの間ではカリスマ的存在。本年、本格的に映画出演も果たした。

田中彰伯　Akinori Tanaka

1961年東京生まれ。15歳からフランス料理の世界に入り、1985〜90年はフランスで働く。『ロジェ･ベルジェ』総料理長を経て1993年に東京・南青山に『レ・クリスタリーヌ』を開く。現在、東京・渋谷『コンコンブル』、東京･新宿『クレッソニエール』の3店のオーナーシェフ。著書は「おつまみ de フレンチ」(旭屋出版刊)ほか多数。

企画・構成　髙山良寛
撮影場所　レ・クリスタリーヌ（東京・南青山）
コピーライト　小杉よし子
構成協力　鹿児島俊光
ヘアメイク　大堀由樹子
編　集　井上久尚（旭屋出版）
デザイン　ディクト．クリエイティブ
撮　影　後藤行弘（旭屋出版)、キミヒロ
協　力　上村直人・谷川陽三
衣装協力　free style
Special thanks　芹澤勝
山田光明
藤代真志・河栗賢介・Mickaël Picard
宮武剛士・山口隼輝
Remi Devos Minegishi

株式会社毎日放送
松竹芸能株式会社

制作協力　シナプス

有野晋哉(よゐこ)と田中彰伯(フレンチシェフ)の

妄想料理

発行日　2017年11月20日　初版発行
著　者　有野晋哉《ありのしんや》　田中彰伯《たなかあきのり》
発行者　早嶋　茂
制作者　永瀬正人
発行所　株式会社 旭屋出版
〒107-0052
東京都港区赤坂1-7-19 キャピタル赤坂ビル8階
TEL：　03-3560-9065(販売)
03-3560-9066(編集)
FAX：　03-3560-9071(販売)
旭屋出版ホームページ　http://www.asahiya-jp.com
郵便振替　00150-1-19572

印刷･製本　凸版印刷株式会社

ISBN978-4-7511-1292-2　C2077